땅에 묻기 아까운 딸아!

땅에 묻기 아까운 딸아!

발행 2024년 6월 10일

지은이 강문호
발행인 윤상문
편집인 이은혜, 이대순
디자인 박진경, 표소영
발행처 킹덤북스
등록 제2009-29호(2009년 10월 19일)
주소 경기도 용인시 기흥구 동백동 622-2
문의 전화 031-275-0196 팩스 031-275-0296

ISBN 979-11-5886-311-1 03230

※ 잘못된 책은 구입한 곳에서 교환하여 드립니다.
※ 책 가격은 표지 뒷면에 있습니다.

킹덤북스 Kingdom Books
킹덤북스(Kingdom Books)는 문서 사역을 통해 하나님의 나라를 확장하고,
한국 교회와 세계 교회를 섬기고자 설립된 출판사입니다.

성/좌/산/기/도/원/최/양/자/원/장/일/대/기

땅에 묻기 아까운 딸아

강문호 저

킹덤북스 Kingdom Books

들어가는 말

내가 이 책을 쓰게 된 동기

온 세계를 뒤집어 놓은 코로나 광풍은 온 세계를 콘데믹으로 바꾸었습니다.

비대면 예배라는 말이 처음으로 고개를 들었습니다.

1만 교회가 사라졌습니다.

수많은 선교사들이 선교의 총알, 물질 공급을 받지 못하여 허리띠를 졸라 매야 했습니다.

부흥회는 사라졌고 기도원은 찬 바람만 을씨년스럽게 불어 닥칠 때였습니다.

나주 성좌산 기도원으로부터 부흥회 인도 초청을 받았습니다.

얇은 기대감 조차 없이 4시간 이상 차를 몰았습니다. 코로나가 유행이니 몇 사람은 앉아 있을 것이라는 생각으로 갔습니다. 예배실에 들어서는 순간 나는 놀람을 넘어 경악하였습니다. 200여 명이 불덩어리가 되어 찬양하고 있었습니다. 코로나의 긴 터널을 걸어오며 잊었던 장면이었습니다.

한 시간 두 시간 집회 인도를 하는 동안 설립자 최양자 권사님의 정체가 조각되어 나갔습니다. 이 사람, 저 사람 모두 이구동성으로 최양자 권사 이야기뿐이었습니다. 들을 때마다 신비였고, 말할 때마다 놀라움이었습니다. 그들이 토해 놓는 언어 속에 들어 있는 최양자는 다른 데서 들을 수 없는 보석들이었습니다. 이 사람 저 사람들이 말하는 최양자 조각을 퍼즐을 맞추듯이 정리하였습니다.

기인(奇人)이었습니다.
선지자였습니다.
대언자였습니다.
사랑의 대언자였습니다.
주는 데 미친 여인이었습니다.
100년에 한 번 태어날 수 있는 위대한 하나님의 사람이었습니다.

불과 2년 전에 하나님의 부르심을 받았습니다. 그를 생전에 보지 못한 것이 통탄스러웠습니다. 강사실 책상 위에 있는 그의 소개 브로셔를 보고 심상치 않았던 여인이었음을 알게 되었습니다. 그가 잠자고 있는 산소로 달려가 유튜브 동영상을 만들었습니다. 많은 이들이 동영상을 시청하였습니다.

그 후 몇 번 더 성좌산 기도원을 방문하였습니다.

갈 때마다, 사람들을 만날 때마다 대화의 알맹이는 최양자였습니다. 날이 갈수록 그분을 더 알고 싶었습니다. 그의 영성을 이어받고 싶었습니다.

그래서 최양자 여인에 대하여 사람들에게 묻고 들었습니다.
더 묻고 간직하였습니다.
또 묻고 정리하였습니다.

많은 이야기를 듣고 간직하고 싶었고 남기고 싶은 충동이 솟았습니다. 최양자 원장을 더 널리 알리고 싶었습니다. 그래서 아들 박훈식 목사에게 정리하고 싶다고 제안하였습니다. 그는 흔쾌히 좋아하였습니다. 그래서 이렇게 정리하게 되었습니다.

우연히 듣다가 일부러 듣게 되었습니다.

최양자 이야기를 들려 달라는 나의 졸라댐에 응답하여 주신 최정구 장로님, 노희정 전도사님 그리고 몇 분 목사님들에게 감사드립니다. 우리 수도원까지 찾아오셔서 많은 이야기를 하여 주신 신현찬 목사님에게 고마움을 나눕니다. 그리고 협력하여 주신 분들에게 기쁨을 같이하고 싶습니다.

최양자 원장에게 은혜를 입은 사람들은 셀 수 없이 많습니다. 그러나 그가 하나님의 부름을 받자 다 떠났습니다. 그러나 두 분은 끝까지 기도원을 떠나지 않고 최양자 원장님의 그림자가 지워지지 않게 그리고 있습니다. 최양자 원장님의 냄새를 계속 풍겨내고 있습니다.

최 원장이 하나님의 부름을 받을 때 넘어가는 숨소리에 섞어 간절한 부탁이 있었습니다.

> **"최 장로와 노 전도사는 내가 죽더라도 기도원을 끝까지 지켜 주시오. 아들 박훈식 목사 곁에서 같이 있어줘요."**

두 분은 최 원장이 하늘로 귀환한 후 기도원을 떠나고 싶은 때가 종종 있었습니다. 그렇지만 최 원장의 마지막 말이 항상 확성기로 증폭되어 들려 왔습니다. 그래서 최 장로는 18년, 노 전도사는 10년이 지나도록 자리를 지키고 있습니다. 가장 가까운 옆에서 최 원장을 지켜 온 이 두 분의 이야기가 이 책 페이지마다 녹아 있습니다.

최 원장 이야기를 들으며 내가 최 원장이 되어 최 원장이 쓰는 것처럼 썼습니다.

내가 미처 수집하지 못한 이야기들이 후에 더 보충되어 다시 출판되기를 바라면서 일단 정리하였습니다.

2024년 5월 1일

충주 봉쇄 수도원에서

원장 강문호 목사

추천사

2022년 성좌산 기도원에서 말씀을 전하게 되어 나주역에 도착했을 때 마중 나온 최정구 장로님을 만났다. 함께 기도원으로 들어가는 차 안에서 최양자 원장님의 말씀을 듣고 깊은 감동을 받았다. 초등학교도 다니지 못하셨지만 누구보다도 주님을 깊이 체험하고 동행하며 사랑했던 하나님의 사람이셨다. 기도만 깊이 하고 영적 체험만 깊은 것이 아니라 사랑을 몸소 실천해나갔고, 하나님의 말씀을 온 삶으로 이루어나갔던 원장님이셨다.

불한당 중의 불한당이었던 남편에 대한 한결같은 사랑과 복종, 사역하면서 모든 것을 남김없이 필요한 분들에게 나누어주었던 섬김, 하나님의 것에 대해서는 사랑하는 자녀들에게조차 엄격하게 구별했던 청지기적 모범, 영적으로 깊고 오묘한 신비의 체험과 각종 은사와 성령의 권능 속에서도 자신의 이름과 명예를 구하지 않고 오직 주님만을 내세웠던 겸손함, 영적 권위자들에 대한 우러나오는 존경과 철저한 복종 등 21세기에 과연 이런 사역자가 있었다는 것이 믿기지 않을 만큼 세상이 감당할 수 없는 믿음과 사랑의 사역자였다.

최정구 장로님 이후에도 노희정 전도사님, 김폴 목사님, 박훈식 원장님 등을 통해 계속해서 최양자 원장님의 살아오신 믿음의 여정을 전해 들으면서 최양자 원장님 생전에 뵙지 못한 것이 너무나 아쉽고도 아쉬웠다. 최양자 원장님이 살아계실 때 소문을 들었더라면 꼭 찾아가서 만나 뵙고 배움을 얻었을텐데 이제는 말로만 듣는 레전드가 되었다. 나는 만나 뵙지 못했을지라도 이런 귀한 원장님을 한국 교회와 조국 대한민국에 허락하신 주님께 감사와 영광을 올려 드린다. 귀한 믿음의 선진이셨던 최양자 원장님을 본받아 거룩한 대한민국, 복음 통일, 선교 한국을 이루기 위해 더욱 헌신해서 기도하고, 주님의 말씀을 사랑으로 실천해나가야 되겠다고 다짐하며, 최양자 원장님의 삶을 글로 정리한『땅에 묻기 아까운 딸아!』를 읽으며 많은 성도들이 원장님과의 영적인 만남이 있기를 소망하며 강력하게 추천한다.

이용희 교수(에스더운동본부 대표)

어릴적부터 여러 기도원, 성령의 은사가 나타난다는 기도원장님들을 여럿 만나보았습니다. 그분들 중에는 은사와 능력이 나타나는 건 사실이지만, 인격이나 삶의 모습은 그렇게 본받고 싶지 않은 분들도 있었습니다. 우연히 들리게 되고, 우연히 알게 된 성좌산 기도원에서 최양자 원장님의 삶의 이야기를 들을 때, 단순히 능력과 은사가 많은 분만은 아니라는 생각을 하게 되었습니다.

18년째 이곳을 지키고, 섬기고 계시는 최 장로님에게 이야기를 직접 들었을 때 최 원장님은 그 어떤 은사보다 사랑의 은사가 가득한 분이라는 사실과 그 하나님의 사랑을 말로만, 입으로만 전한 분이 아니라 몸소 삶으로 살아내신 분이라는 것을 진하게 느낄 수 있었습니다. 저도 살아생전에 뵈었으면 참 좋았겠다는 마음이 들었는데, 이미 하늘나라로 가셨으니 아쉬움이 남습니다. 이제는 직접 뵐 수는 없지만, 이 책을 통해서 믿음의 한 사람, 신앙의 선배께서 이 땅을 살아가는 동안 수많은 역경과 위기, 고난과 눈물의 시간들을 어떻게 믿음으로 살아냈는지 보고 배울 수 있었습니다.

이건 단순히 어른들, 나이 많은 분들에게만 필요한 메시지가 아니라 이 땅을 살아가고 있는 다음 세대들에게도 꼭 소개되고 알려지면 좋겠다는 마음이 듭니다. 저는 전국을 다니며 청소년, 청년들을 만나고 살아가고 있습니다. 학교에 교회를 세워가는 스쿨 처치 운동과 다음 세대를 세우고, 격려하고 그들을 위로하는 사역을 하고 있습니다.

이 책을 제가 만나는 그들에게도 꼭 전하여 소개하고 싶습니다.

"거저 받았으니 거저 주어라"(마 10:8)는 말씀대로 살아간 한 인생, 우리도 하나님의 사랑 이렇게 전하고 나누고 살아가자고 말입니다.

나도움 목사(12년째 학교에 교회를 세워가는 한 사람, 스탠드그라운드 대표)

"거저 받았으니 거저 주어라."(마 10:8)는 이 말씀은 올 한 해 우리 교회 표어로 강단 우측에 새겨놓고 강단에 오를 때마다 기도하며 다짐하고 예배를 인도하고 있습니다. 성좌산 기도원 최양자 원장님의 무조건적인 예수님 사랑에 큰 감동을 받고 그렇게 살아보고자 정한 것입니다.

정말 땅에 묻기에는 너무 아까운 원장님이셨습니다. 조금만 더 살아계셨더라면 밤중에라도 달려가 뵙고 싶은 원장님. 그러나 지금은 저 천국에서 우리 주님과 함께 가장 행복한 삶을 사시는 최양자 원장님이 그립습니다.

원장님의 삶 속에는 탁월한 몇 가지 특징이 있습니다. 첫째는 언제나 미래를 바라보며 먼저 하나님의 나라와 의를 추구하는 삶을 철저히 살았던 모습을 볼 수 있습니다. 대부분의 사람들은 땅에 속하는 삶을 살면서 육신에 속한 애정과 욕망을 즐기면서 살고 있지만 원장님은 예수님께서 주실 칭찬과 상급을 바라보면서 하늘에 속한 삶을 사셨습니다. 둘째는 현실적인 것에 매이지 않고 언제나 영적인 목표를 바라보면서 생활하셨습니다. 셋째는 마귀와 세상과 거칠고 사나운 환경을 이기신 분이셨습니다. 남편의 핍박과 수많은 역경 속에서도 믿음으로 이기신 분입니다. 넷째는 하나님의 말씀을 깨닫자마자 세상 환경이나 인연에 매이지 않고 즉시 실천하셨던 분입니다. 다섯째는 자신의 부족한 것을 정확히 알고 하나님의 말씀 따라 살기 위하여 자기와 싸워 이기신 분이셨습니다. 마지막 여섯째는 하나님의 부르신 목적 즉 그리스도의 형상을 완전히 닮고자 철저히 희생하시고 철저히 사랑으로 섬기면서 완덕을 추구하셨습니다. 그 어려운 기도원 사역을 하시면서도 "거저 받았으니 거저 주어라"는 하나님의 뜻에 철저히 순종할 때 성령님께서는 원장님의 영혼 속에서 자유롭게 역사하셨던 것입니다.

이번에 소개된 이 책은 우리 한국 교회와 마지막 때를 살고 있는 수많은 그리스도인들의 영성 생활에 큰 변화를 줄 뿐 아니라, 신앙의 목표와 방향과 가치관을 확실히 심어줄 것입니다. 이 책을 엮어 소개하시는 강문호 목사님 노고에 깊은 경의를 표합니다. 특히 성좌산 기도원 제2대 원장님 박훈식 목사님을 통하여 최양자 원장님의 영성이 순수하게 증거되어 영적인 목마름에 지친 수많은 영혼들이 위로를 받고 새 힘을 얻어 하나님 나라와 교회를 위해 헌신하는 사역자들이 넘치기를 기도합니다.

박희진 목사(시흥영성수련원 원장)

“거저 받았으니 거저주어라.”(마 10장 8절) 우리는 평생 신앙생활을 하면서 성경을 수없이 다독하며 살아가고 있습니다. 심지어는 성경을 통으로 외우기도 하고, 부분으로 외우거나 수천, 수백 절을 외우고 살아가는 경우도 있습니다. 하지만 그 말씀을 머리에만 담아두는 경우가 허다한 것을 볼 수 있습니다. 그래서 듣는 귀와 머리만 커졌다는 한국 교회에 외치는 소리가 아닌가 싶습니다. 그럼에도 성경 66권을 묵상하면서 그중 한 구절을 가지고 살아내신 분 故 최양자 원장님의 삶을 보면서 히브리서 6장 12절을 연상케 하였습니다. “하나님의 말씀은 살아있고 활력이 있어 좌우에 날 선 어떤 검보다도 예리하고 혼과 영과 및 관절과 골수를 찔러 쪼개기까지 하며 또 마음의 생각과 뜻을 판단하나니.”(히 6:12) 세포까지 예수님의 심정이 녹아져 흐르는 원장님의 삶을 회고해 볼 때 ‘땅에 묻기에 아까운 딸이라’ 불릴 만큼 위대한 분이시구나 하는 생각이 듭니다.

예수님과의 첫사랑을 오랫동안 간직하면서 예수님의 심정을 땅에 묻히는 그 순간까지 한결같은 마음으로 변함없이 철저히 작은 예수의 삶으로 살아내신 故 최양자 원장님, 열악한 환경 가운데도 예수님과의 친밀한 영적인 교제를 놓치지 않으시고 많은 사람들에게 선한 영향력을 행사하며 사셨던 삶을 보았습니다. 특히 신학적 배움이 없었던 분이 우리 모두가 소망하고 꿈꾸던 영적인 세계를 사역 현장에서 그대로 재현하셨던 원장님의 사역이 책을 통해 많은 사람들에게 전달 될 수 있다는 것은 마지막 때를 살아가는 모든 이들의 큰 축복입니다.

여호와의 말씀이 희귀하여 이상이 흔히 보이지 않는 영적인 어둠의 시대에 태양 빛같이 선명하게 영의 세계를 이해하고 열어주어 천국과 지옥을 사실적으로 경험케 하는 다리 역할을 충실히 하셨던 故 최양자 원장의 일대기를 기록한 책 『땅에 묻기에 아까운 딸』을 모든 그리스도인에게 기꺼이 추천합니다.

김폴 목사(주기쁨교회 담임, 뉴아시아선교회 대표, 『뷰티풀 천국 쇼킹 지옥』 저자)

천국과 지옥의 계시가 흘러넘치는 하늘 문이 열려있는 성좌산 기도원의 제1대 최양자 원장님의 삶이 『땅에 묻기 아까운 딸아!』라는 제목으로 강문호 목사님의 정리로 만들어졌다. 먼저 살아 생전 직접 만나 뵙지 못한 최양자 원장님을 이렇게라도 글로 만나 뵐 수 있어 큰 기쁨이다.

하나님은 이 나라와 이 땅의 새로운 부흥을 위해서 최양자라는 기도자를 선택하셨다. 장산도에서 태어나 한 남자를 만나 결혼하고 자녀를 키우며 살아온 삶, 예수님을 만나 성령 세례를 받고, 도시에 나와 기도자로 선포자로 살아온 삶, 그리고 나주 성좌산에 기도원을 세우게 하시고, "거져 받았으니 거져 주어라"는 사랑을 실천케 하신 삶까지 그분의 삶은 우리가 본받아야 할 귀중한 표본이다.

또 한 가지 비밀, 성좌산 기도원에는 천국과 지옥의 비밀을 시대의 도구로 사용하시기 위한 하나님의 계획이 있다. 미디어에 마음을 빼앗긴 미래 세대에게 천국과 지옥의 비밀은 청년 사람 다윗을 세우는 귀중한 도구가 될 것이다. 마지막 시대, 챗 GPT 인공지능 등의 AI 시대를 이길 신묘한 힘은 천국과 지옥의 비밀에 있다.

김폴 목사님, 신현찬 목사님, 천주영 사모님, 노희정 전도사님, 기타 많은 목회자 및 성도들이 체험했던 천국과 지옥의 간증들이 성좌산 기도원의 귀중한 기록들이 되어 영어로, 아랍어로, 중국어로, 스페인어로, 웹툰과 드라마, 영화 등의 콘텐츠로 만들어져, 전 세계 80억 열방에 하나님이 살아계심을 미디어로 선포하는 생명의 도구가 될 것이다.

故 최양자 원장님이 어린아이와 같은 마음으로 예수님의 발자취를 따라가며 신앙생활을 했던 이야기를 쉽게 써 놓았기에 누구든지 편하게 읽을 수 있으며 그 안에 성령님의 사랑이 흘러내리게 될 것이다. 많은 청년 세대를 비롯해서 이 글을 읽으신 분들이 꼭 나주 성좌산 기도원을 방문해서 천국과 지옥의 하늘이 열리는 기적을 경험해 보시도록 기도한다. 주님은 살아계신다!

부흥 영화감독 윤학렬

"이는 하나님의 경영하시고 지으실 터가 있는 성을 바랐음이니라."(히 11:10) 하나님이 아브라함에게 찾아오셔서 거룩한 성을 보여주셨다. 아브라함이 그 성을 보고 일생을 나그네의 길을 걸어간 것처럼 최양자 원장도 그러했다. 하나님께서 최 원장에게 아브라함에게 보여주신 하나님의 예비하신 성을 보여주셨다. 최양자 원장은 자기 인생 전체를 그 성에 걸고 예수 중심의 삶을 살아낸 사람이다. 이런 분의 일대기가 지면을 통해 소개된다니 너무나 큰 감격이고 이 시대에 거룩한 영성가를 소개해줌으로써 그 뒤를 따르는 자들이 그 아름다운 신앙 발자취를 볼 수 있는 소중한 기회가 아닐까 생각해본다. 이 귀한 영성을 품은 故 최양자의 일대기 『땅에 묻기에 아까운 딸』을 많은 독자들이 읽고 감명받고 도전받기를 소망하며 아래와 같이 그분의 삶을 소개하고자 한다.

예수 사랑에 흠뻑 빠진 사람이다.

유머와 위트가 넘치고 하늘 언어를 쓰며 얼굴에 희락이 충만한 상태로 사람들의 심령을 들여다 본 사람이다.

어떻게 하면 사람들을 예수에게 중매시킬까에 중점을 두고 살았던 시대적 중매쟁이였다. 믿음 소망 사랑 중에 제일은 사랑이다라는 말씀을 몸소 행한 삶을 살았다.

사람 냄새가 나는 인간적 매력이 있는 사람이었다.

말씀 묵상과 기도 제단을 가지고 끊임없이 기도하며 살았다.

많은 사람들에게 그동안 감춰놨던 하나님의 비밀을 자신에게 주어진 은사적 사명을 통해 천국을 소개하는 탁월한 영적 조력자였다. 하나님의 마음을 시원케 해드리는 지혜의 부요함과 명철이 한이 없는 분이었다.

영적으로 병든 사람을 보면 영의 눈으로 그 사람 속에 있는 사탄을 직시하고 대적하는 은사가 있었다. 병이 나을 때까지 한 사람을 위해 주님의 십자가의 사랑으로 치유해주는 헌신적 치유자의 삶을 살았다. 하나님께서 특별하게 주신 대언의 은사가 있었다. 하늘의 것을 보고 대언하는 선지자적 은사로 천국을 이 땅에 알리는 삶을 살았다.

한마디로 최 원장은 하나님이 반할 정도의 영적 매력이 넘치는 사람이었다. 부족한 저를 사랑해주고 친한 벗처럼 대해준 것을 주님께 감사드리며 고마울 뿐이다. 천국에서 다시 만날 것을 고대하며 이 책을 주님을 사랑하는 모든 분들에게 강추한다.

장상길 목사(송도주사랑교회 담임목사, 한국알리야본부 대표)

성좌산 기도원 원장님을 생갈할 때마다 다윗이 고백한 '고난 당한 것이 내게 유익이라'(시 119:71)는 말씀이 떠오릅니다. 한평생 고난과 연단 속에서 하나님의 뜻과 사명을 감당하기 위해 살아오신 영성가의 삶을 어찌 심히 부족하고 미련한 작은 종이 짧은 만남 속에서 다 헤아릴 수 있으리요! 옥에 티나 누가 될까 봐 망설이다가 고향교회에서 그분의 삶을 누구보다 더 잘 알고 있는 내가 추천사를 통해서 원장님의 삶을 입증해 주는 것이 최선이라고 생각해서 쓰게 됩니다.

故 최양자 원장님은 하나님의 말씀을 절대 믿고 아가페 사랑을 실천하신 주님을 꼭 닮은 분입니다. 오랫동안 장산도를 떠나 있었지만 고향교회를 항상 잊지 않고 선교비를 오랜 세월 지속적으로 보내주시며 애착을 갖고 많은 사랑을 베풀어 주셨습니다. 또한 장산도를 방문할 때면 교회 성도들과 더불어 동네 잔치가 될 만큼 바리바리 맛있는 음식을 싸 오셔서 섬기는 그 모습을 본 많은 고향 사람들은 차츰차츰 교회로 발걸음을 옮기게 되었습니다. 실로 그분은 전도의 문을 활짝 열어 놓으신 장본이셨습니다. 그래서 고향교회가 많은 부흥을 이루는 계기가 되었습니다. 그뿐 아니라 이웃과 형제 친척과 만나는 사람 중에 누구 하나 원수 맺은 사람을 찾아볼 수 없었습니다.

이분은 내가 이 세상에서 만난 최고 신앙의 롤 모델이요, 멘토요, 신앙의 어머니 같은 분입니다. 은퇴를 몇 년 안 남기고 있는 저에게 영적 세계의 지경을 넓혀주고, 천국에 대한 구체적인 소망과 아가페 사랑의 삶을 가르쳐 주셨습니다. 최 원장님과의 만남은 내 인생 최고의 행복으로 간직하고 있습니다. 원장님은 사랑의 귀한 흔적을 남기고 떠나셨지만 성좌산 기도원은 라마나욧과 같은 곳이 되어 기도원을 찾아오는 모든 이들에게 하나님의 복을 넉넉히 받고 돌아가게 하는 가장 아름다운 은혜의 자리가 되었기에 이 책을 읽는 많은 독자들이 한 번쯤은 꼭 가봐야 할 곳으로 강력히 추천하고 싶습니다.

이정주 목사(최양자 원장 고향교회 오음교회 담임목사)

| 목차 |

제1편

장산도 내 고향

"이새의 줄기에서 한 싹이 나며 그 뿌리에서 한 가지가 나서 결실할 것이요. 그의 위에 여호와의 영 곧 지혜와 총명의 영이요 모략과 재능의 영이요 지식과 여호와를 경외하는 영이 강림하시리니." (사 11:1-2)

나는 우리나라 남쪽 바다 신안군에 있는 장산도에서 태어났습니다. 장산도는 김대중 대통령이 태어난 하의도 옆에 위치한 조그만 섬입니다.

장산도는 가난한 섬이었습니다. 대부분의 주민들이 좁은 땅에서 나는 농작물과 바다에서 나는 해산물로 근근히 살아가고 있었습니다. 아버지 최석암은 소작농 농부였습니다. 어머니 문수남은 평범한 아내였습니다. 위로 의붓언니가 있었고 동생은 밑으로 줄줄이 6명이나 태어났습니다.

집안 가난의 짐은 내 어깨를 무겁게 짓누르고 있었습니다.

여기저기 농토를 다니며 이삭을 주워 모아 집안 양식으로 사용하여야 했습니다. 망태기를 들고 다니며 이삭을 주울 때 나는 신발 없는 맨발이어야 했습니다.

아버지를 따라 새벽에 일어나 밭으로 나가야 했습니다. 10살 되기 전부터는 내 손과 발은 거칠어졌습니다. 키에 맞지 않은 큰 지게를 짊어져야 했습니다. 틈만 나면 물빠진 갯벌에 나가 낙지와 게를 잡아 팔아야 했습니다. 얼굴에는 항상 갯벌 흙이 여기저기 묻어 있었습니다. 10살이 되면서부터 나는 호미와 낫에 익숙한 일꾼으로 변해 있었습니다. 그럼에도 불구하고 나의 얼굴에는 항상 미소가 그치지 않았습니다.

배움이라곤 생각할 틈이 없었습니다.
학교에는 갈 생각도 못하였습니다.

나는 섬 아낙네에 불과하였습니다. 우물안 개구리였습니다. 보이는 것이라고는 뒤로 산과 앞으로 바다뿐이었습니다.

학교에는 문턱에도 가보지 못하였습니다. 산에 가서 나무하고, 염전에 가서 일하면서 돈을 조금 벌었습니다. 바닷물이 나가면 갯벌에 가서 돈이 될 만한 것들은 모두 잡아 왔습니다.

그러나 내가 생각하여도 반듯하게 살았습니다.

지금 생각하여도 주변 사람들에게 칭찬을 많이 받았습니다. 항상 웃었고, 늘 친절하였습니다. 동네 사람들 모두가 나를 만만하게 보지 않았습니다. 함부로 대하지 않았습니다.

제2편

결혼과 남편

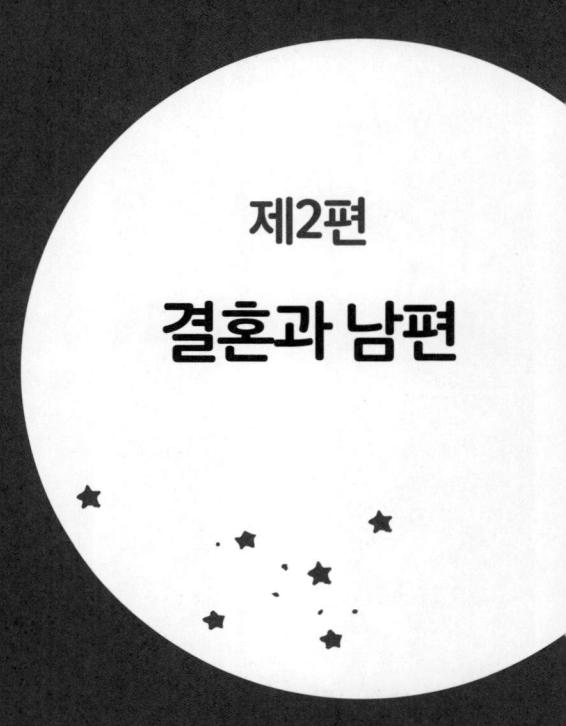

"환난 날에 나를 부르라 내가 너를 건지리니 네가 나를 영화롭게 하리로
다." (시 50:15)

나는 어려서부터 바르게 자랐습니다. 그래서인지 누구도 나를 무시하지 못하였습니다. 함부로 접근하지 않았습니다. 일 잘하는 소녀, 착한 딸로 먼 마을까지 소문이 났습니다. 그래서인지 10대 중반부터 중매가 들어오기 시작하였습니다. 며느리로 삼으려고 눈독을 들이는 이들이 생기기 시작하였습니다. 18살이 되었습니다. 어느 날 갑자기 어머니가 말했습니다.

"딸아! 신랑감을 구해 놓았으니 이제 시집가라."

나는 놀랐습니다. 전혀 생각지도 않았던 결혼이었습니다. "엄마! 나 시집가기 싫어. 어떻게 한 번도 보지 못한 남자하고 같이 자? 어떻게 나를 낳지도 않은 여자에게 어머니라고 불러? 어떻게 부엌에 가서 혼자 밥을 해? 어떻게 엄마와 떨어져 살아?"

나는 발을 동동 구르며 거절하였습니다. 어머니는 엄하게 꾸짖었습니다.

"여자는 다 컸으면 시집가야 한단다. 네가 시집 안 가면 이 어미는 눈 못 감고 죽을 거야. 맏이가 시집 안 가면 동생들은 어떻게 시집 장가를 갈 수 있겄냐? 과년한 딸 시집 안 보내면 내가 체면이 서지도 않는다. 아버지는 나쁜 아비가 되는 거여, 두말 말고 내가 정해 놓은 집안으로 시집 가거라."

그래서 나는 강제로 원치 않는 결혼을 하게 되었습니다.

가난한 결혼

나는 결혼식에서 남편 박을주를 처음 보았습니다. 밤에 접근하는 것이 싫었습니다. 그래서 가슴에 손만 얹고 자게 하였습니다.

시집살이가 심하였습니다. 때리는 시어머니 보다 말리는 시누이가 더 밉다고 했던가?

시어머니는 물론이거니와 나와 동갑인 시누이까지 시집살이 하는 일에 기름을 끼얹는듯 했다. 외출할 때면 곳간 문을 잠갔습니다. 내가 들어가지 못하게 하였습니다. 겨우 밥 지을 보리만 바가지 담아 놓고 나갔습니다.

내가 시집 올 때 나랑 동갑이 시누이와 시어머니께서 재가해서 낳은 4살 시누이와 2살 시동생이 있었습니다. 나는 그 어린 시누이와 시동생을 내 아들, 딸처럼 사랑하게 되었습니다. 내 자식들 중 국민학교도 졸업 못하는 자식이 있었지만 시동생만큼은 그 어려운 살림살이에도 불구하고 목포에서 고등학교까지 다니게 하였습니다. 나는 시동생을 아들처럼 사랑하게 되었습니다. 시어머니는 가난하게 살면서도 손에 흙과 물을 묻히지 않은 여인이었습니다. 언제나 학같이 고고한 모습을 보였습니다. 내가 늘 보는 모습은 안방 화장대 앉아 하루 종일 비녀 튼 머리카락을 참빗으로 다듬었습니다.

시어머니 삶도 알고 보면 기구하였습니다. 남편과 형제들을 낳았습니다. 그러던 시어머니는 남편과 사별하였습니다. 곧 그는 재혼하였습니다. 그 사이에서 자녀를 낳았습니다. 그런데 그 재혼한 남편도 세상을 떠났습니다.

시어머니는 집안에서 남편 잡아먹는 여자라고 구박을 받았습니다. 상처가 많은 시어머니는 곱고 아름다운 여인의 모습으로 살아가고 있었습니다. 나는 항상 구질구질한 일꾼이었습니다. 그렇지만 나는 시어머니를 정성을 다하여 섬겼습니다.

동네에서 시어머니를 불러 식사 대접을 잘 해 줄 때가 있습니다. 그러면 나는 그분에게 꼭 답례를 했습니다. 처음에는 나에게 싸늘하였던 시어머니였습니다. 그러나 내가 그를 진심을 다해 섬기고 사랑하는 것을 인정하고 그 진심을 받아 주었습니다. 진실은 통하였습니다. 그의 마음이 바뀌었습니다. 돌아가시기 전까지는 시어머니는 나를 며느리가 아닌 딸처럼 사랑하여 주었습니다.

시어머니가 임종을 앞두고 있었습니다. 나는 조금이라도 더 생명을 연장해 드리고 싶었습니다. 시어머니를 무릎에 눕혔습니다.

그리고 수저로 미움을 떠 드렸습니다. 나는 시어머니를 하나님처럼 섬겼습니다.

동갑이었던 시누이는 젊어서 병들었습니다. 나를 호되게 시집살이를 시켰었습니다. 그러나 죽기 전에 나에게 자신의 잘못을 사과하였습니다. 용서를 빌었습니다.

이런 성품은 하나님이 태어날 때부터 주신 선물이었습니다. 누구도 미워하지 않았습니다. 다투지 않았습니다. 시댁 식구에게만 그런 것이 아니라 동네 사람 모두에게도 그렇게 하였습니다. 그래서 내 주변에는 항상 사람들이 몰려들었습니다. 심지어 내가 잠자려고 할 때에도 사람들이 곁에 와 주었습니다. 그래서 같이 자기도 하였습니다.

결혼하여 행복하게 살고 싶었지만 남편은 지독히 가난한 남자였습니다. 집같지 않은 집에서 살았습니다. 전기도 없는 집이었습니다. 말이 집이지 헛간이었습니다. 더구나 결혼 초기부터 남편의 외도는 지나칠 정도로 심하였습니다.

첫 출산

그런 중에 첫 아이가 태어날 때가 되었습니다. 그러나 남편은 어디론가 가버리고 나타나지 않았습니다. 산처럼 부른 배를 안고 아이가 태어나면 씻길 목욕물을 길어 와야 했습니다. 불을 때서 덥혀야 했습니다. 나 혼자 첫 아이를 낳았습니다. 탯줄도 내 손으로 잘랐습니다. 바로 옆방에 시어머니가 있었습니다. 그러나 시어머니에게 해달라고 부탁할 분위기가 아닌 집안이었습니다. 시어머니가 어렵기도 하였기 때문입니다.

밖에는 살을 벨 것 같은 찬 바람이 을씨년스럽게 불고 있었습니다. 말이 방이지 헛간이었습니다. 불을 땔 수도 없는 냉기가 흐르는 방이었습니다. 방바닥이 내 체온 때문에 미지근하여지는 방이었습니다.

갓 태어난 아기에게 입힐 옷이 없었습니다. 담요도 겨우 한 장이었습니다. 포근하게 덮을 이불이 없었습니다. 겨울인 데도 따뜻한 옷, 포근한 이불이 없었습니다. 얇은 여름옷 치마저고리 한 벌이 전부였습니다.

더구나 가장 어려운 것은 화장실이었습니다. 지금은 화장실이 집집마다 안에 있습니다. 그러나 그 당시는 화장실이 집 밖에 있었습니다. 사돈과 화장실은 멀수록 좋다고 말할 때입니다. 몸이 퉁퉁 부은 산모인 내가 화장실에 가려면 찬 바람을 싸늘하게 맞아야 했습니다. 한 걸음 한 걸음이 천근만근이었습니다. 만삭이 되어 찬 바람을 맞으며 화장실을 가려면 두 발자국 가면 한 번 쉬어야 하는 아픔이 몰려왔습니다. 누군가가 붙잡아 주어야 할 때 혼자였습니다.

집안에 전기도 없었습니다. 호롱불을 킬 때였습니다. 불을 킬 석유가 없어져도 너무 가난하여 더 살 수가 없었습니다. 캄캄한 어둠 속에서 첫 딸을 낳았습니다. 어둠 속에서 젖을 빨렸습니다. 지금 생각하면 어떻게 그때를 견디었는지 아찔하기만 합니다.

첫 딸의 죽음

3주 지난 어느 주일이었습니다. 아직 산후 통증이 가시지 않은 때였습니다. 퉁퉁 부은 몸으로 부엌에 나가서 밥을 하고 있었습니다. 방안에서 갓난 딸 아이가 자지러지게 소리를 지르며 울음을 터뜨렸습니다. 놀라서 황급히 방으로 뛰어 들어갔습니다.

내 앞에 펼쳐져 있는 장면에 나는 경악하여 쓰러질 뻔 하였습니다. 큰 쥐가 갓난아이 살점을 물어 뜯어 여기저기 뱉어 놓았습니다. 피가 여기저기 뿌려져 있었습니다. 입술을 보니까 피가 엉겨 있었습니다.

딸이 죽은 것 같았습니다. 내 입술로 딸 입 언저리 피를 빨았습니다. 그리고 젖을 물려 보았습니다. 숨막히는 순간이었습니다. 아이가 젖을 빨기 시작하였습니다.

"아! 살았구나!"

나는 길게 한숨을 뱉으며 안도하였습니다.

아이가 아픔을 참고 잠에 들었습니다.

다시 부엌으로 나가 하던 일을 계속 하였습니다. 또 자지러지게 우는 소리가 들렸습니다. 또 뛰어 들어갔습니다.

쥐가 딸 아이의 살점을 여기저기 또 파 먹었습니다. 입술에는 피가 흥건히 흐르고 있었습니다. 발바닥도 파먹었습니다. 사타구니도 뜯어 먹었습니다. 발가락도 잘라 먹었습니다. 머리 숨골도 파헤쳐 놓았습니다. 여기저기 피자국이 정신없이 그림처럼 묻어 있었습니다. 첫 아이는 태어난 지 3주 만에 비참하게 쥐의 희생물이 되었습니다.

눈물도 나오지 않았습니다. 누구에게 도와 달라고 소리를 지를 겨를도 없었습니다. 아이를 안고 하염없이 울었습니다. 조금 후 정신을 차렸습니다. 아이를 가마니에 둘둘 말아 감쌌습니다. 혼자 하염없이 눈물을 흘리며 아이 시체를 안고 산에 올랐습니다. 땅을 파며 쓰러지고, 쓰러졌다가는 일어났습니다. 조그만 구덩이를 파는 데 한 달 걸린 것 같은 긴 시간이 흘렀습니다. 첫 딸을 땅에 묻으며 그 위에서 목놓아 울었습니다. 아직 이름도 없는 딸을 내 가슴에 묻었습니다.

혼자 내려오는 그 길은 만리 길같이 길었습니다. 가슴은 대포로 맞은 듯 뻥 뚫려 있었습니다.

아픈 몸을 이끌고 일터로

해산의 몸이 정상으로 돌아오기까지 기다릴 수가 없었습니다. 집안 형편이 어려웠습니다. 나가서 일을 하여야 양식을 살 수 있기 때문입니다. 가족의 생계를 위하여 고달픈 몸으로 바다로 나가야 했습니다. 돌작밭으로 나가 밭을 일구어야 했습니다. 갯벌로 나가 돈 되는 해물들을 잡아야 했습니다. 그때서야 동네 몇 분이 내 사정을 알게 되었습니다. 그들이 나를 도와주었습니다.

결혼한 남편은 집안에 무슨 일이 생기고 있는지 아랑곳하지 않았습니다. 밖에 나가 자기 혼자만 즐기고 있었습니다. 술과 여자와 도박이 그가 하는 일 전체였습니다. 우리 7남매는 아버지라고 여기지 않았습니다. 동네 아저씨처럼 생각하였습니다.

가정에 무관심한 남편

남편은 가정에 무관심하였습니다. 나는 남편의 폭력에 시달렸습니다. 화가 나면 밥상을 던져서 성한 밥상이 하나도 없었습니다. 이불이 없어서 라면 상자를 덮고 잤습니다. 남편의 도박으로 빚이 산더미 같았습니다. 잦은 외박으로 집을 비우는 때가 많아서 혼자 7남매를 길러야 했습니다. 그러나 한 번도 남편을 미워하지 않은 것은 기적 중에 기적이고, 은혜 중에 은혜입니다.

참으로 나는 남편 복이 없는 여자였습니다. 남편에게는 미안하지만 남편 이야기를 안 할 수 없습니다. 거친 풍랑은 사공을 유능하게 합니다. 찬 서리는 곡식을 알곡 되게 합니다. 비는 무지개를 만듭니다. 과정이 힘들면 결과가 아름답습니다. 남편의 못 되었던 과거를 부끄러워도 말하는 것은 그런 시련과 고난이 나를 만들었기 때문입니다. 진솔하게 말하는 것이 나를 이해하는 데 도움이 될 것 같기에 숨기지 않고 말합니다.

친구 데리고 오기

결혼 후 얼마 지나지 않아 남편에게는 새로운 버릇이 생겼습니다. 밤늦게까지 같이 술 마시던 친구를 데리고 와서 같이 잤습니다. 우리 집은 이불이 하나밖에 없었습니다.

남편과 친구가 같이 그 이불을 덮고 자면 나는 이불이 없어서 라면 박스를 몸에 덮어야 했습니다. 전혀 자기밖에 몰랐습니다. 고생하는 아내를 생각하거나 따뜻한 위로의 말 한마디 들어보지 못하였습니다.

하나뿐인 이불

이렇게 우리 집은 이불 하나로 살았습니다. 그 이불을 덮고 누우면 구멍난 천정 사이로 별빛이 들어왔습니다. 어느 날 남편이 들어와 자는 것 같더니 갑자기 일어났습니다. 이불 끝에 불을 붙이기 시작하였습니다. 자기도 자기가 하는 이상한 행동을 잘 몰랐습니다. 이것이 술의 위력입니다. 나는 놀라서 빨리 이불을 물속에 집어넣었습니다. 불이 꺼졌습니다. 남편을 진정시키느라고 곤욕을 치루어야 했습니다.

가루약 소동

어느 날 남편은 가루약을 들고 들어왔습니다.

"나 말리지 말아. 이 독약을 먹고 죽어 버릴 테야."

그러면서 난동을 부렸습니다. 나는 옆에 있는 끈으로 나와 남편 허리를 같이 꽁꽁 묶었습니다. 마당까지 질질 끌려 나갔습니다. 나는 한 몸이 되어야 남편을 진정시킬 수 있었습니다.

남편을 진정시켰다는 말은 술이 깰 때까지 견디어야 했다는 말입니다. 주님이 주시는 인내가 아니면 기다리기 힘든 영적 싸움의 시간이었습니다. 술은 항상 사람을 짐승 되게 합니다. 남편을 어떻게 하여야 할지 답을 찾지 못 할 때가 한두 번이 아니었습니다.

사탄은 항상 술을 통하여 공격합니다.

남편은 자기도 모르는 행동을 술을 통하여 하였습니다.

남편의 딸 폭력

밭에서 일을 하고 피곤한 몸으로 돌아왔습니다. 큰 딸이 방에 누워 꼼짝을 하지 못하고 있었습니다. 놀라서 왜 그러느냐고 물었습니다. 딸이 울먹이며 말했습니다.

"엄마! 아빠가 집에 들어오더니 캄캄한 밤이라 나를 보지 못하고 나를 밟고 지나갔어. 다리가 부러졌어 너무나 아파. 엄마 기다리고 있었어."

그 후 딸은 다리를 절었습니다. 동네 사람들이 수근거렸습니다.

"저 집은 딸이 소아마비에 걸렸는 데도 병원에 데리고 가지 않아."
그러면서 우리 가정에 대하여 좋지 않은 소문을 퍼뜨리고 있었었습니다.

모내기를 하던 어느 날이었습니다. 딸은 집에 혼자 있기 싫다고 모내기 하는 곳으로 왔습니다. 논두렁에 혼자 앉아서 놀고 있었습니다. 졸립고 배고프고 하니 엄마를 찾으며 마구 울어대기 시작했습니다. 그런데 남편이 논에서 벼를 심다가 갑자기 딸에게로 달려 갔습니다. 울고 있는 딸을 번쩍 들어 논바닥에 내팽개쳤습니다. 딸 아이는 논바닥에 거꾸로 처박혔습니다. 순식간에 일어났습니다. 허우적거리며 꿈틀대는 딸을 장화발로 짓이겼습니다.

사람들이 놀라서 달려갔습니다. 남편을 붙잡았습니다. 그리고 물속에 처 박혀 있는 딸을 꺼냈습니다. 조금만 늦었어도 딸은 이 세상 사람이 아닐 뻔 하였습니다. 장화발에 짓밟힌 딸은 허리를 다쳐 남들보다 키가 자라지 못해 제일 작은 키로 살아가야 했습니다. 학교 다니는 내내 키 작은 1번이었습니다. 그런 아픔의 기억은 평생 트라우마가 되고 있습니다. 그러나 남편은 임종 직전 딸의 손목을 잡고 조용히 말씀하셨습니다.

"미안하다. 내가 잘못했다."

평생 자녀들에게 아빠의 따뜻한 모습을 한 번도 보여주지 않았던 아버지였습니다. 이 말 한마디에 모두가 풀어지는 듯 하였습니다.

남편의 아들 폭력

남편의 잘못된 행패는 한두 가지가 아니었습니다. 밭에서 일하고 있는 나에게 남편이 왔습니다. 집으로 가자고 나를 이끌었습니다. 그러면 문제가 있다는 신호였습니다. 나는 숨을 죽이며 집에 왔습니다.

부엌에 밥하는 큰 솥이 마당에 나와 있었습니다. 밥이 가득 들어 있었습니다. 솥 앞에 아들이 숟가락을 들고 씩씩거리고 있었습니다. 나를 보자 울음을 터뜨리며 말했습니다.

"엄마! 아빠가 이 밥을 다 먹지 않으면 죽이겠다고 그래."

이 말을 하면서 내 품에 안겼습니다. 그리고 참았던 아픔을 터뜨리며 통곡을 하였습니다. 나는 자기가 하는 짓이 무엇인지도 모르는 남편을 달래야 했습니다. 하늘이 무너지는 것 같았습니다.

밥상 던지기

그래도 남편이 집에 들어오면 반가웠습니다. 밖에서 지내는 밤이 더 많았기 때문입니다. 어디에서 무엇을 했는지 물어 본 적이 없습니다. 물어보아도 대답하지 않을 것을 뻔히 알기 때문입니다.

배고프다고 하였습니다. 그때 온 동네가 모두 보리밥을 먹을 때였습니다. 반가워서 아껴 두었던 쌀로 밥을 지었습니다. 상을 차려 가지고 들어왔습니다. 밥상을 보던 남편은 소리를 질렀습니다.

"왜 보리밥을 해오지 않고 쌀밥을 해왔어."

그러곤 밥상을 들고 마당으로 나가 던져버리고 나가 버렸습니다.

장독대 사건

어느 날 일하고 집에 들어왔습니다. 진기한 광경이 눈앞에 나타났습니다. 세상에서 첨보는 광경이 눈앞에 펼쳐져 있었습니다.

마당에 있는 장독대의 독들이 하나도 남김없이 박살이 나 있었습니다. 고추장, 된장, 간장이 다 마당에 부어졌습니다. 그 위에 내년도에 농사지을 종자 씨앗들이 모두 뿌려져 있었습니다. 먹을 양식인 쌀과 부엌의 고춧가루, 양념, 참기름 모두가 엎어져 있었습니다. 심지어 돼지 죽까지 합세 되었습니다. 방안 밖에 있는 모든 것이 깨지고 부숴지고 엎어지고 흩어져 있었습니다. 난생 처음 보는 전쟁 끝난 후 광경이었습니다.

내년 농사도 걱정이었습니다. 집에 있는 가구도 하나도 남김없이 부숴놓았습니다. 그 후 우리 집은 라면 박스가 옷장을 대신하였습니다. 밥상도 모두 사라져 버렸습니다. 그래서 라면 박스 위에 반찬과 밥을 놓고 먹어야 했습니다. 참으로 남편은 나와 아이들에게 골칫거리였습니다.

창호지 사건

어느 날 아들 친구가 아들과 같이 우리 집에 와서 놀았습니다. 그리고 문 창호지에 낙서를 하였습니다. 그 날 저녁 남편이 돌아왔습니다. 그 문 옆에 앉아 물끄러미 그 낙서를 보았습니다. 순간적으로 그는 그 창호지를 박박 긁어서 모두 뜯었습니다.

추운 겨울이었습니다. 그리고 나가 버렸습니다.

우리는 가마니를 문에 덮어 찬 바람이 들어오지 못하게 하였습니다. 빛이 들어오지 않아서 밤인지 낮인지 구별하지 못하고 살아야 했습니다.

남편 술값

남편은 멀리 염전에서 일하였습니다. 염전에서 소금을 만들면서 노동한 대가 임금을 받았습니다. 그에게 가끔 이렇게 돈이 생겼습니다. 그런데 며칠 동안 계속 비가 그치지 않고 내렸습니다. 물론 그땐 소금을 만들 수 없었습니다. 소금을 만들지 못하면 돈을 받을 수 없습니다. 가정은 그 만큼 어려워졌습니다.

남편은 홧김에 목포 술집에 가서 외상술을 마셨습니다. 술이 술을 마시다 보니 술값이 많이 쌓였습니다. 어느 날 술집 여자가 목포로부터 술값을 받으러 우리 집을 찾아왔습니다. 마침 남편은 없었습니다. 나는 그를 반갑게 맞았습니다.

"술값을 받으러 이렇게 멀리까지 친히 오셨나요? 죄송해요."

그를 따뜻한 아랫목에 앉혀 놓고 밥을 정성껏 지었습니다. 그리고 한 상 잘 차려 주었습니다. 식사하면서 그가 말했습니다.

"내가 술집을 10년 이상 하고 있습니다. 그런데 이런 대접은 처음입니다."

식사 후 그는 남편을 찾지 않았습니다. 외상값을 달라고 하지도 않았습니다. 우리 집에서 나가면서 그가 말했습니다.

"목포에 오시면 최고 좋은 집에서 식사를 대접하겠습니다."

그러곤 떠났습니다.

쥐약 넣은 밥

어느 날 밖에서 일을 보고 집에 들어왔습니다. 방 한가운데 밥솥이 놓여져 있었습니다. 아이들이 빙 둘러 앉아 있었습니다. 밥을 보는 순간 나는 기절할 뻔 하였습니다. 색깔이 이상하였습니다. 남편이 밥에 쥐약을 섞어 놓았습니다. 그리고 아이들에게 먹지 않으면 죽이겠다고 소리를 지르고 있었습니다.

아이들이 밥숟가락을 막 대려고 하는 순간이었습니다. 내가 조금만 늦게 들어왔으면 아이들이 쥐약을 먹고 다 죽을 뻔 하였습니다. 남편을 잘 달래서 분위기가 가라앉았습니다. 위기를 잘 넘겼습니다.

남편의 행패

남편은 내가 교회 갈 시간만 되면 화를 냈습니다. 심지어 폭행도 하였습니다. 성미를 했다고 뒤주 속에 흙을 썩어 놓았습니다. 밥 먹는다고 밥그릇을 발로 걷어차서 못 먹게 할 때도 있었습니다.

석유 병을 벽에 던져 큰 불이 일어날 뻔 하기도 하였습니다. 밤이면 소리를 지르며 소동을 하기에 아이들을 데리고 동네 염전 창고에 가서 자기도 하였습니다.

7남매를 기르며 가난하다 보니 아이들 옷을 직접 만들어 줄 때도 있었습니다. 아이들 옷 수선하는 데 점점 익숙하여 갔습니다. 다행히 나는 손재주가 있었습니다. 그래서 재봉틀은 필수품이었습니다. 그런데 술을 마시고 들어와서 재봉틀을 마당에 던져 부숴버렸습니다. 답이 없는 남편이었습니다.

남편 노름 대금

남편이 도박에 빠져 돈을 잃었습니다. 그 돈을 받으러 어떤 분이 우리 집을 찾아왔습니다. 나는 갚을 능력이 없었습니다. 그는 나에게 소리를 질렀습니다.

"남편이 지은 빚이니 갚으시오."

기가 막혔습니다. 그러나 남편이 저질러 놓은 것이라 내가 책임져야 하는 데 돈이 없었습니다. 우리 집에서 돈 대신에 줄 것은 아무 것도 없었습니다. 그때 돼지가 생각났습니다.

집집마다 다니면서 음식 찌꺼지를 모아 먹여 기르던 돼지입니다. 이웃을 돌면서 돼지가 먹을 만한 찌꺼기를 모아 머리에 이고 왔습니다. 넘어지면 몸에 상처가 나게 할망정 돼지 먹이를 엎질러지지 않게 하였습니다.

여하간 나는 정성을 다하여 돼지를 길렀습니다. 마침 새끼까지 가져서 가격이 많이 나가는 비싼 돼지였습니다. 나는 그를 돼지 우리 앞으로 데리고 갔습니다.

"돈은 드릴 것이 없네요. 저 돼지를 끌고 가세요."

돼지를 가지고 가라는 말에 그의 눈동자에는 갑자기 생기가 돌았습니다. 미안한지 물었습니다.

"그래도 됩니까?"

돼지 우리 문을 열었습니다. 그러자 돼지를 몰고 사라졌습니다. 나는 식구 하나가 없어지는 것 같은 큰 아픔을 느꼈습니다. 그러나 돼지보다 남편이 귀하였습니다. 그리고 남편이 지은 빚은 내 빚이나 마찬가지라 여겼습니다. 그는 미안한지 아무 말도 하지 않고 돼지를 끌고 유유히 사라졌습니다.

남편과 만나는 여자에게

남편은 도박꾼이자 술꾼에 바람둥이였습니다. 남편이 늘 드나드는 여인 집이 있었습니다. 어느 날 그 여자가 병들었습니다. 그 여자는 사과하러 나를 찾아왔습니다. 나는 그 여자를 붙들고 하나님께 간절히 기도드렸습니다. 진심어린 사랑을 마음에 담고 기도하였습니다. 하나님께서 깨끗하게 고쳐 주셨습니다.

병이 나아서 돌아가며 그 여자도 똑같은 질문을 하였습니다.

"당신은 천사요? 사람이요?"

보리 사러 간 남편

남편은 평생 나에게 돈을 주어본 적이 없었습니다. 나 혼자 7남매를 길러야 했습니다. 갯벌에 나가 돈이 될 만한 것은 다 잡아 팔았습니다. 여기저기 일이 있으면 나가서 일하여야 했습니다. 알뜰살뜰 돈을 모았습니다. 어느 정도 양식 구입할 만한 돈이 생겼습니다. 나는 남편에게 목포에 나가서 보리를 사오라고 그 돈을 다 주었습니다. 그런데 며칠이 지나도 남편의 모습은 나타나지 않았습니다.

무슨 일이 일어난 것 같은 불안감이 들었습니다. 남편을 찾으러 목포로 갔습니다. 수소문하여 남편을 찾았습니다. 그는 여인숙에 투숙하며 지냈습니다. 내가 준 돈으로 여자랑 지내면서 술 마시고, 도박도 하고, 먹고 싶은거 사먹자 돈이 바닥이 보였습니다. 나는 남편 찾아오느라 하루종일 굶고 배고픔이 밀려왔는데 남편은 그런 나에게 밥먹었냐? 묻지도 않았습니다. 사과를 몇 개 사와서는 먹을거냐구 묻길래 괜찮다고 하니 일언지하에 그냥 자기 입으로 들어가는 것이었습니다. 정말 자기밖에 모르는 남자였습니다. 그럼에도 나는 하나님께서 내게 주신 십자가로 알고 평생 지고 가기로 결심하였습니다. 그리고 단 한 번도 싫은 소리를 해 보지 않았습니다.

답이 없는 남편

남편과 나란히 모내기를 하던 중이었습니다. 남편이 갑자기 소리를 질렀습니다.

"집에 불을 질러야겠다."

그리고 집으로 갔습니다. 버릇처럼 하는 말이라 나는 오늘 또 발작하는 것이라고 생각하였습니다. 나는 늘 하는 말로 여기고 모내기를 끝내고 집으로 돌아오는 중이었습니다. 동네 사람들이 걱정스럽게 말해주었습니다.

"남편이 죽겠다고 야단이야."

심상치 않은 분위기 같아서 집으로 달려갔습니다. 죽겠다고 난동을 부리던 남편이 엉덩이를 들썩들썩 반복하면서 술에 취하여 외치고 있었습니다.

"자꾸자꾸 넘어가네."

내가 들어가는 것도 모르고 반복하고 있었습니다.

수요일 저녁이었습니다. 나는 수요 예배를 드리려고 교회로 향하였습니다. 남편은 내 뒤를 따라오면서 소리를 질렀습니다.

"교회에 불을 질러 버리겠다."

나는 순간적으로 기도하였습니다.

"하나님! 내가 예배드리고 오는 동안에 남편이 집에 들어가 자고 있게 해주세요."

그리고 주님께 모든 것을 맡기고 평안하게 예배드렸습니다. 예배드리고 집에 오니 부엌 바닥에 쓰러져 자고 있었습니다. 안방에서 자는 것보다 더 편안한 자세였습니다.

돈 꾸어쓰기

남편은 항상 가정 생활을 내팽개친 상태로 살았습니다. 내가 모든 것을 꾸려 나가야 했습니다. 종종 돈을 꾸어 쓸 때가 있었습니다. 약속 날짜에 돈을 갚지 못 하자 30만 원을 꾸어준 채주가 재촉하였습니다.

"돈 되었나요?"

"돈 마련하려고 사람을 만나러 가려는 중입니다."

그는 나의 자존심을 송두리째 짓밟았습니다. 내 심장을 칼로 쑤시는 것 같은 말을 하였습니다.

"나올 때가 없으면 쓰지를 말아야지."

안 쓰면 안 되기에 어쩔 수 없이 안 빌려야 할 돈을 빌려 쓴 돈이었습니다. 나는 이 말이 너무나 아파서 펑펑 울었습니다. 그때 주님의 음성이 또렷이 들렸습니다.

"사랑하는 딸아! 그 사람은 두 달 후 병원에서 죽는다. 이제부터 그는 죽도 안 먹힐 것이고 병원 주사도 안 통할 것이다."

그러면서 죽는 날짜와 시간을 알려 주셨습니다. 나는 이 말을 전하지 않았습니다. 침묵으로 지냈습니다. 주님 말씀 그대로 되었습니다. 그는 병원으로 갔으나 못 고치는 병이라는 선고를 받았습니다. 더 큰 병원을 찾았지만 소생하지 못하고 세상을 떠났습니다.

남편 뒷바라지

남편은 늘 술을 마셨습니다. 어쩌다가 마신 것이 아니라 늘 그랬다는 말입니다. 그리고 집에 오더라도 늦게 돌아왔습니다. 남편이 취하여 돌아오면 부엌으로 나가 정성껏 배추국을 끓여 먹였습니다. 때로는 쌀을 잘 갈아서 죽보다 더 연하게 만들어 먹였습니다. 배추국을 끓일 때에 억센 배추 부분은 도려냈습니다. 국을 될 수 있는 대로 부드럽게 만들려는 시도였습니다. 그러면 이 국을 먹고 편안하게 잠이 들었습니다. 그러나 어떤 때는 술 마신 것을 토해 놓았습니다. 그리고 소리를 질렀습니다.

"나 술 못 마시게 하려고 일부러 약을 넣었지?"

그래도 나는 참았습니다.

동거한 여인 집

남편은 술과 여자와 도박을 일삼던 사람이었습니다. 어느 날 밤중에 이웃 여자를 데리고 단칸방으로 들어왔습니다. 남편은 내가 누워있는 바로 옆에 함께 온 여자를 눕게 하였습니다. 서로 입 맞추며 관계하기 시작하였습니다. 나를 전혀 의식하지 않았습니다. 나는 그래도 화나지 않았습니다.

안타까움에 불쌍한 마음이 들었습니다. 다음 날 새벽 나는 일찍 일어났습니다. 남편과 그 여자를 위해 밥을 잘 지어 놓았습니다. 그 여자의 신발도 깨끗하게 닦아 놓았습니다. 조금 있더니 둘이 잠에서 깼습니다. 나는 준비한 아침 식사 상을 차려 가지고 방으로 들어갔습니다. 그 여자 앞에 놓으면서 말했습니다.

"우리 남편 즐겁게 해주느라고 얼마나 수고했소? 피곤할 테니 잘 잡수시오."

비꼬는 것이 아니라 진심을 담아서 말했습니다. 그리고 남편에게도 밥을 차려 주면서 말했습니다.

"간밤에 얼마나 진액을 뺐겠소? 영양 보충 잘하시오."

그 여자가 내게 물었습니다.

"당신은 천사요? 사람이요?"

그리고 그 여자는 나에게 모든 이야기를 다 해 주었습니다. 만난 시간, 만나면 어떻게 하였는지 모두 고백하였습니다. 나는 어떤 일이 있어도 남편과 다툰 적이 없었던 것은 하나님이 주신 마음이었습니다.

그래서 나는 기도원에 올라오는 여자 성도들에게 이렇게 말하고 있습니다.

“무슨 남자 욕심이 그렇게 많소! 남편이 다른 여자 열을 사귀던 스물을 사귀던 그냥 놔두시오. 그냥 가정을 지키고, 아이를 키우고 내 할 본분을 다하시오.”

“원수는 내 안에 있소. 다른 여자를 사귀는 남편에게 화내지 말고 집에 들어오면 기가 막히게 더 잘해주시오.”

나는 집 나간 남편이 언제 돌아올지 알지 못했습니다. 그러나 밥이 맛있게 잘 되면 남편을 주려고 따로 퍼놓았었습니다. 계란이 귀했던 그 시절에 닭이 알을 낳으면 그것을 한쪽에 놓아두었습니다. 남편이 들어오면 먹으라고 내어놓았습니다. 남편이 사귀던 여자도 사랑하여 주었습니다.

남편이 무슨 일을 하던 나만 든든히 서 있으면 가정이 평안한 것을 알았습니다. 죄는 한계가 있습니다. 남편이 죄에 지쳐서 돌아오기를 기다렸습니다. 우리 가정이 그렇게 되었습니다.

그래도 한 번도 싸우지 않았다.

나는 남편과 결혼하고 32년이 되었습니다. 남편이 집에 들어와서 같이 잔 날은 고작 1년 정도입니다. 허구한 날을 술과 도박과 여자로 방탕하였습니다.

남편 때문에 힘들 때가 허다하였습니다. 그러나 말하면 고무풍선 터지듯이 터질 것 같아서 어떤 일을 당해도 말하지 않았습니다. 4살 많은 남편이 하나님의 부름을 받을 때까지 한 번도 얼굴을 찡그린 적이 없었습니다. 큰 소리, 작은 신음 한 번도 하지 않았습니다.

남편은 늘 말썽을 부렸지만 우리 집에서 부부 싸움하는 소리는 단 한 번도 나지 않았습니다.

제3편

장산도 신앙생활

"너는 장차 받을 고난을 두려워하지 말라. 볼지어다. 마귀가 장차 너희 가운데에서 몇 사람을 옥에 던져 시험을 받게 하리니 너희가 십 일 동안 환난을 받으리라. 네가 죽도록 충성하라. 그리하면 내가 생명의 관을 네게 주리라."(계 2:10)

주님을 만남

나의 신앙생활의 못판인 신안군 장산도 오음교회를 빼놓수 없습니다. 오음교회는 말 그대로 나의 모교 못자리 교회입니다.

하나님이 바닷길을 여셔야 들어가는 섬. 혹 바람이 불거나 안개가 껴서 주의보가 내려지면 가지못하고 기다리는 섬. 장산도입니다. 나는 이런 곳에서 신앙의 출발을 하였습니다.

내가 교회에 나가게 된 동기가 있습니다. 넷째가 아팠기 때문입니다. 육지 병원으로 가려니 돈이 없었습니다. 외숙모는 절에 가서 불공을 드리면 나을 것이라고 권면하여 주었습니다. 우리 집안은 종교를 가지고 있지 않았습니다. 그는 정화수를 떠 놓고 손이 닳도록 빌었습니다.

그때 교회가 생각났습니다. 교회에 가면 아이가 낳을 것 같았습니다. 교회는 우리 집에서 멀었습니다. 나는 떨리는 발걸음으로 교회를 처음 찾게 되었습니다. 교회에 들어가니 십자가에 마음이 끌렸습니다. 처음 교회에 간 첫날 십자가 앞에 무릎을 꿇었습니다. 내가 그렇게 한 것이 아니라 누가 나를 그렇게 이끌었습니다. 나는 십자가 앞에서 아들을 살려달라고 기도하였습니다. 눈물이 펑펑 흘렀습니다. 한참 지났습니다.

누군가가 내 어깨에 이불을 덮어 주었습니다. 따뜻하였습니다. 나도 모르게 잠에 빠져들었습니다. 첫 예배를 마치고 집으로 왔습니다. 놀라웠습니다. 아들이 회복되어 있었습니다. 뛸 듯이 기뻤습니다. 첫 예배에서 예수님을 만났습니다.

나는 집에 있는 우상과 미신의 흔적들을 다 버렸습니다. 그 후 나는 제삿날이 되어도 절하지 않았습니다. 자녀들과 발걸음을 함께 교회로 돌렸습니다. 시어머니와 남편이 주님께 돌아오기까지의 시간은 너무 멀고도 멀었던 시간이었지만 먼저는 시어머니께서 예수님을 영접하고, 남편은 한참 후에서야 교회에 나가기 시작했습니다.

신앙생활을 하기 시작하면서 자녀들의 손을 이끌고 교회로 향하기 시작했습니다. 그리고 은혜라는 것을 알게 되었고, 천국 소망의 마음을 갖게 되었습니다.

그런 마음을 아셨던 하나님은 내 입에 찬양을 넣어주셨습니다.

당시 교회에서 많이 부르던 찬양을 소개합니다.

주님 고대가

낮에나 밤에나 눈물 머금고 내 주님 오시기만 고대합니다.
가실 때 다시 오마 하신 예수님 오 주여 언제나 오시렵니까.

고적하고 쓸쓸한 빈들판에도 희미한 등불남 밝히어놓고

오실 줄만 고대하고 기다리오니 오 주여 언제나 오시렵니까.
먼 하늘 이상한 구름만 떠도 행여나 내 주님 오시는가해
머리 들고 멀리멀리 바라보는 맘 오 주여 언제나 오시렵니까.

내 주님 자비한 손을 붙잡고 면류관 벗어들고 찬송 부르면
주님 계신 그곳에 가고 싶어요 오 주여 언제나 오시렵니까.
신부 되는 교회가 흰 옷을 입고 기름 준비 다 해 놓고 기다리오니.

도적같이 오시마고 하신 예수님 오 주여 언제나 오시렵니까.
천년을 하루 같이 기다린 주님 내 영혼 당하는 것 볼 수 없어서 이 시간도 기다리고 계신 내 주님 오 주여 이 시간에 오시옵소서.

그리고 또 한 찬양이 있습니다. "빈들에 마른 풀 같이" 찬송가입니다.

1. 빈 들에 마른 풀같이 시들은 나의 영혼
주님이 약속한 성령 간절히 기다리네.
가물어 메마른 땅에 단비를 내리시듯
성령의 단비를 부어 새 생명 주옵소서.

2. 반가운 빗소리 들려 산천이 춤을 추네.
봄비로 내리는 성령 내게도 주옵소서.

가물어 메마른 땅에 단비를 내리시듯
성령의 단비를 부어 새 생명 주옵소서.

3. 철 따라 우로를 내려 초목이 무성하니
갈급한 내 심령 위에 성령을 부으소서.
가물어 메마른 땅에 단비를 내리시듯
성령의 단비를 부어 새 생명 주옵소서.

4. 참 되신 사랑의 언약 어길 수 있사오랴.
오늘에 흡족한 은혜 주실 줄 믿습니다.
가물어 메마른 땅에 단비를 내리시듯
성령의 단비를 부어 새 생명 주옵소서. 아멘.

하나님께서는 내가 교회 나가기 전에 찬송가부터 가르쳐 주셨습니다. 내가 하나님을 붙들기 전에 하나님이 나와 함께 하셨음이 분명합니다.

나는 찬양을 통해 하나님의 나라를 더 간절히 기대하게 되었습니다. 천국 보고 싶다. 예수님 보고 싶다. 이런 나를 하나님께서 찾아와 만나주시고 나를 일꾼 삼으실 줄이야... 나의 모든 것을 주님을 알고 계셨고 계획해 두고 계신 것이었습니다.

> **"너희가 나를 택한 것이 아니요 내가 너희를 택하여 세웠나니 이는 너희로 가서 열매를 맺게 하고 또 너희 열매가 항상 있게 하여 내 이름으로 아버지께 무엇을 구하든지 다 받게 하려 함이라."** (요 15:16)

이 말씀이 나를 향한 말씀임을 알게 되었습니다. 바울이 그랬습니다. 하나님이 바울을 다메섹 도상에서 부르신 것은 아니었습니다. 바울은 후에 갈라디아 교회에 이렇게 편지하였습니다.

> **"그러나 내 어머니의 태로부터 나를 택정하시고 그의 은혜로 나를 부르신 이가 그의 아들을 이방에 전하기 위하여 그를 내 속에 나타내시기를 기뻐하셨을 때에 내가 곧 혈육과 의논하지 아니하고 또 나보다 먼저 사도 된 자들을 만나려고 예루살렘으로 가지 아니하고 아라비아로 갔다가 다시 다메섹으로 돌아갔노라."** (갈 1:15-17)

이미 하나님은 바울을 어머니의 태로부터 택정하여 놓으셨습니다. 그리고 가장 적당한 때에 부르셨습니다.

예레미야도 마찬가지입니다. 예레미야는 이렇게 고백하고 있습니다.

> “여호와의 말씀이 내게 임하니라 이르시되 내가 너를 모태에 짓기 전에 너를 알았고 네가 배에서 나오기 전에 너를 성별하였고 너를 여러 나라의 선지자로 세웠노라 하시기로 내가 이르되 슬프도소이다 주 여호와여 보소서 나는 아이라 말할 줄을 알지 못하나이다 하니 여호와께서 내게 이르시되 너는 아이라 말하지 말고 내가 너를 누구에게 보내든지 너는 가며 내가 네게 무엇을 명령하든지 너는 말할지니라.” (렘 1:4-7)

아예 모태에서 짓기 전부터 알았다고 고백합니다. 배에서 나오기 전에 성별하였습니다.

다윗도 마찬가지입니다. 다윗도 이런 고백을 하였습니다.

> “주 여호와여. 주는 나의 소망이시요 내가 어릴 때부터 신뢰한 이시라. 내가 모태에서부터 주를 의지하였으며 나의 어머니의 배에서부터 주께서 나를 택하셨사오니 나는 항상 주를 찬송하리이다.” (시 71:5-6)

이같이 바울이나 예레미야나 다윗은 모두 모태에서부터 하나님이 자신의 일꾼으로 정하셨습니다. 나도 그런 것을 교회에 나가면서 알았습니다.

교회에 출석하면서 나는 우리 집에 있는 우상 물건들은 모두 없앴습니다. 영적 대청소를 하였습니다. 내가 제일 먼저 교회에 출석하였고, 다음으로 아이들 그리고 남편과 시어머니가 뒤따라 나왔습니다. 전 가족이 다 예수님 가족이 되었습니다.

환상의 시작

하나님의 부름을 받은 후 기도 생활이 시작되었습니다. 기도 중에 환상이 선명하게 나타났습니다. 첫 환상은 나를 놀라게 하였습니다.

많은 사람들이 강가에 서성이고 있었습니다. 천국행 배가 오는 곳입니다. 조금 후 배가 도착하였습니다. 모두 손에 반쪽난 승선표를 들고 있었습니다. 천사가 가지고 있는 반쪽짜리 표를 맞추었습니다. 정확하게 맞는 사람만 승선할 수 있었습니다. 표를 가지고 있지 않거나 가지고 있어도 안 맞는 사람은 승선이 거절되었습니다. 거절되어 배를 타지 못한 사람들이 더 많았습니다.

"나는 목사입니다."
"나는 헌금 많이 했어요."
"나는 장로로서 건축 헌금으로 집을 드렸습니다."
"나는 어려서부터 교회 다녔습니다."

"나는 선교지에 나가 죽을 고생하며 전도하였습니다."

"나는 총회장이었습니다."

아우성치는 통곡 소리를 뒤로 남기고 배는 천국으로 떠났습니다. 나는 배에서 이들을 보고 있었습니다. 조금 후 땅이 갈라졌습니다. 사람들 모두를 삼키고 땅은 다시 합쳐졌습니다. 40년 광야에서 하나님이 주신 만나를 먹고, 하나님이 주신 반석의 생수를 마시고도 땅속으로 들어간 고라당 사건이 떠올랐습니다.

"땅이 그 입을 열어 그들과 그들의 집과 고라에게 속한 모든 사람과 그들의 재물을 삼키매 그들과 그의 모든 재물이 산 채로 스올에 빠지며 땅이 그 위에 덮이니 그들이 회중 가운데서 망하니라." (민 16:32-33)

계속되는 환상

그 후 하나님은 날마다 환상을 보여주셨습니다. 분초마다, 걸음마다, 순간순간 모든 것을 보여주셨습니다.

어느 날 하루종일 일하고 피곤한 몸으로 잠자리에 들었습니다. 막 잠이 들려고 할 때였습니다. 예수님의 음성이 들렸습니다.

"딸아! 부엌 냉장고 문이 열렸다. 닫아라."

나는 일어나기 싫어서 그냥 잠을 청하였습니다. 주님이 또 말씀하셨습니다. 그래도 무시하였습니다. 세 번째로 주님이 재촉하셨습니다.

"냉장고 문을 닫아라. 반찬 상한다."

주님 때문에 잠을 잘 수 없었습니다. 일어나서 부엌에 가보니 냉장고 문이 활짝 열려 있었습니다. 나는 냉장고 문을 닫으며 중얼거렸습니다.

"예수님이 우리 살림 다 해주시네요. 반찬이 상하지 않게 하시고, 전기세도 덜 내게 하시네요."

새벽기도

나는 예수를 영접한 후부터 새벽기도를 드렸습니다. 새벽기도도 제일 먼저 교회에 가야 직성이 풀렸습니다. 매일 새벽 3시에 일어났습니다. 새벽에 교회에 갈 때에는 마라톤 선수같이 뛰었습니다. 일등으로 가고 싶어서였습니다. 그리고 주님을 빨리 만나고 싶었습니다. 4시면 교회에 들어가 앉아 기도하였습니다. 항상 일등이었습니다.

“아버지! 저 왔어요. 오늘도 일등했어요.”

그러곤 기도를 시작하였습니다. 그때 나는 10식구를 섬기고 있었습니다. 7자녀, 남편 그리고 시어머니도 모시고 있었습니다. 보통 부지런하지 않으면 살 수 없는 형편이었습니다. 밤이면 피곤이 파도처럼 몰려왔습니다. 푹 쓰러지면 그냥 잠에 골아떨어졌습니다. 죽은 듯이 자고 새벽 3시에 일어나기란 그리 쉬운 것이 아니었습니다. 새벽기도에 일등으로 못 갈 것 같아서 아예 옷을 입고 잤습니다. 눈이 엄청나게 많이 왔던 새벽이었습니다.

눈에 푹푹 빠지면서 힘들게 교회에 들어가 앉아 기도하였습니다. 눈 때문에 목사님도 못 나오셨습니다. 아무도 나오지 않았습니다. 누구도 눈을 헤치고 올 수 없는 새벽이었기 때문입니다. 그 새벽에는 나 혼자뿐이었습니다.

그날 주님을 만난 것은 평생 잊을 수 없는 추억이 되었습니다. 혼자 한참 기도하는 데 강대상으로부터 두 손이 내게 다가왔습니다. 강대상으로부터 나온 두 손이 내 두 손을 꼭 잡아 주었습니다. 나는 너무나 놀라서 기절할 뻔 하였습니다. 이때 주님이 차분한 음성으로 말씀하셨습니다.

“사랑하는 내 딸아!

네 오른손이 내 왼손이고, 네 왼손이 내 오른손이다. 내가 너를 항상 붙들고 있단다. 너는 마음을 다하고, 성품을 다하고, 뜻을 다하여 나를 섬기고 있구나! 너는 새벽기도에 일등으로 오기로 결심하고 그렇게 하고 있구나! 누구보다 부지런히 나를 섬기고 있구나!

너를 천만인 중에 일번으로 여기고 있다. 네가 나를 사모하는 것처럼 나도 너를 사랑하고 있단다. 너는 합격이다. 너처럼 나를 섬기는 이는 천에 하나도 없다. 만에 하나도 없다. 너뿐이다. 나는 너를 사랑한다."

그리고 주님은 내가 10식구를 섬기는 어려움도, 오늘 눈을 헤치고 새벽기도에 오느라고 고생한 것도 다 알고 계셨습니다. 나는 좋아서 주님께 물었습니다.

"주님! 왜 몸은 안 보여주시고 손만 보여주시나요?"

주님이 말씀하셨습니다.

"내 몸은 빛이다. 아직은 함부로 보여주지 않는다. 대신에 손만 보여준다."

그 새벽에 나는 주님과 단독으로 오랫동안 이야기를 나눈 행복한 순간을 가졌습니다. 눈 때문에 한 명도 오지 않았는 데 나 혼자

고생스럽게 온 대가를 흠뻑 받은 시간이었습니다. 주님은 나의 중심을 다 보고 계셨습니다.

"사랑하는 딸아! 나는 너를 잘 안다. 네가 나에게 땅을 달라고 조른 적이 없다. 좋은 집을 달라고 하지도 않았다. 아들 공부 잘하게 하여 달라고 부탁하지도 않았다. 딸 좋은 곳으로 시집보내 달라고 요청한 적도 없다. 자녀들에게 좋은 직장 달라고 간구하지도 않았다.

너는 오직 나를 사랑하는 기도만 하였다. 나를 사모하는 마음으로 가득 차 있다. 없는 살림에 나에게 주고 싶어 몸부림친 것도 잘 안다.

딸아!
너에게 보상을 줄 것이다. 나는 너를 끔찍이 사랑한다.
딸아!
내가 물어볼 것이 있다. 얼마 전 새벽기도 오다가 돌짝밭에 넘어져 발에 큰 상처를 입고 피가 흘렀지?"

그러고 보니 얼마 전에 그런 조그만 사고가 있었습니다. 나는 그렇다고 대답하였습니다. 주님은 계속 말씀을 하셨습니다.

"그때를 생각해 보아라. 아팠었니?"

생각하여 보니 큰 상처에 엄청나게 피가 흘렀었는데 통증을 느끼지 못하였습니다.

"주님! 그때 조금도 안 아팠었습니다."

주님이 웃으시며 조용히 말씀하셨습니다.

"내가 너를 보호하여 주고 있었고, 안 아프게 감싸고 있었단다."

나는 또 주님의 사랑을 진하게 느끼고 항상 보호하고 계심을 깨달았습니다.

새벽기도와 개

나는 우리 집에서 기르는 개 이름을 "종"이라고 불러 주었습니다. 새벽 어둠 속에서 사람이 지나가면 개는 어김없이 짖어댔습니다. 그래서 깨면 새벽기도 가는 시간이었습니다. 개가 자명종 역할을 하여 주었기 때문입니다.

나는 언제나 개짖는 소리에 새벽 잠에서 깨곤 하였습니다. 개는 나를 새벽에 깨우는 종이었습니다. 그러던 어느 날 개가 짖지 않았습니다. 깨어 보니 날이 환하게 밝아 있었습니다. 그날 새벽 기도에 결석하였습니다. 주님께 물었습니다.

"주님! 오늘 새벽은 왜 개가 짖지 않았지요?"

주님이 나를 책망하셨습니다.

> "새벽에 울리는 종이 얼마나 귀중한 신호인 줄 아느냐? 하루 첫 시간을 나와 함께 지내라는 신호를 하는 새벽 종소리는 소중한 소리란다. 그런데 너는 그 귀중한 시간을 개에 의지하였다. 이제는 개 짖는 소리를 의지하지 말고 영적 종 소리를 듣고 일어나라."

주님으로부터 이런 책망을 들은 후부터 나는 스스로 일어나기 시작하였습니다. 개 짖는 소리를 종소리로 듣지 않았습니다.

예수 믿기가 이렇게 어렵소?

어느 해인가 몹시 가물었습니다. 국가적으로도 아우성이었습니다. 전국적으로 기우제를 드리는 곳도 많았습니다. 모내기 시기를 놓치고 있었습니다. 비를 기다리다가 지친 농민들은 어쩔 수

없이 약간의 물기라도 있으면 모내기를 하여야 하는 한계 상황이었습니다.

나는 논에 나가 보니 논 귀퉁이 웅덩에 물이 조금 고여있었습니다. 이 물을 여기저기 도랑을 파서 물을 논에 조금 고이게 하였습니다. 땅이 너무나 굳어 있어서 쇠스랑이 필요하였습니다. 가지러 집에 갔다 논으로 다시 나왔습니다.

그동안에 이웃 논 주인이 그나마 조금 모아 놓은 물을 모두 자기 논으로 흘러보냈습니다. 그때 일하고 있는 그에게 가서 따지고 싶었습니다.

"우리 논에 있는 물을 다 가지고 가면 어떻게 해요?"

그러나 다른 사람과 싸운 적이 없는 나였습니다. 항상 양보하며 손해보는 쪽으로 행동하여 온 나였습니다. 나는 아무 말도 하지 않고 참으면서 주님께만 하소연하였습니다.

"주님! 예수 믿기가 이렇게 어렵소?
예수님 때문에 싸울 수가 없어요.
애가 타요."

그리고 논바닥에 앉아서 흐르는 눈물을 가둘 수가 없었습니다. 펑펑 울었습니다. 그러면서 신음에 가까운 기도를 드렸습니다. 논바닥에서 울다 지쳐서 어두워지자 집으로 돌아오는 데 비가 부슬부슬 내리기 시작하였습니다.

한동안 자다가 빗소리에 잠에서 깨어났습니다. 밖을 보니 물바다였습니다. 비를 맞으며 논에 가 보았습니다. 논 위에 배를 띄워도 될 정도로 물이 차 넘치고 있었습니다.

"어머! 왠 비가 이렇게 많이 쏟아졌나? 이 물이 어디서 왔나?"

혼자 중얼거리며 감격하였습니다. 이때 주님의 음성이 들렸습니다.

"사랑하는 딸아! 이것은 물이 아니라 네 눈물이란다. 네가 나를 위하여 참은 보상이란다. 이 물은 여기만 아니라 땅끝까지 차 있단다."

나는 또다시 하나님의 은혜에 감격하였습니다.

주일 성수

나는 신앙생활을 시작하면서부터 기도 생활을 이어갔습니다.

새벽기도에 빠지지 않았습니다. 그리고 주일 예배를 생명처럼 여겼습니다.

주일에 잔치하는 곳에는 가지 않았습니다. 미리 축하금을 보내며 인사를 드렸습니다. 주일에 농협에서 쌀을 매매하러 오면 다음날로 미루었습니다.

어느 주일 아침이었습니다. 추수한 벼 가마니들이 마당에 쌓여 있었습니다. 바짝 말려야, 쌀 시장에서 일 등급을 받을 수 있습니다. 일 등급을 받아야 수입이 됩니다. 예배를 드리러 갈 때 늘어놓고 가려고 하는 데 비가 내렸습니다. 예배 시간이 다가오는 데 옮길 시간이 없었습니다. 비닐로 덮어 놓고 교회로 향하였습니다. 장로님이 뒤따라와서 나에게 말했습니다.

"왜 벼를 비맞게 해요?"

"비닐로 덮어 놓았는데요."

"바람에 다 날라가서 벼들이 비를 맞고 있어요."

나는 다시 집으로 가려고 하는 데 주님의 음성이 들렸습니다.

"벼가 아깝냐? 예배가 중요하냐?"

나는 손해보기로 작정하였습니다. 하나님께 정성껏 예배드렸습니다. 예배 후 밖에 나가 보니 해가 쨍쨍 비치고 있었습니다. 바람까지 적당하게 불고 있었습니다. 집에 돌아가 보니 벼가 바짝 말라 있었습니다. 며칠 후에 팔려고 시장에 나갔습니다. 일 등급을 받아 최고 금액을 받을 수 있었습니다.

주일 예배와 멘소래담

식구는 많고 일감은 쌓이고 생활은 가난하였습니다. 내가 일하기를 멈추면 가정이 파탄나는 것 같았습니다. 식구들이 굶을 것 같았습니다. 그래서 작은 돈이나마 돈 벌기를 멈출 수 없었습니다. 그래서 나는 항상 피곤하였습니다. 예배 시간이면 피곤이 파도처럼 몰려왔습니다. 졸렸습니다. 그러나 나는 하나님께 예배드리면서 졸지 않았습니다. 비결이 있었습니다. 눈에 멘소래담을 바르면 눈물이 나면서 졸지 못하게 됩니다.

어느 주일 저녁이었습니다. 교인들이 나를 따라 멘소래담을 눈에 바르고 예배를 드렸습니다. 이 교인 저 교인을 보아도 모두 눈물이 줄줄 흐르고 있었습니다. 그날은 모두 눈물바다가 되었습니다.

이 절도야! 강도야!

이미 말씀드린 대로 나는 피곤하게 살아야 했습니다. 그래서 주일 밤 예배와 수요 예배는 결석할 때가 많았습니다. 일을 하여야 했기 때문입니다. 어느 날 주님의 불호령 음성이 내 귀를 쟁쟁하게 하였습니다.

"이 절도야! 강도야!"

나는 주님께 항의하였습니다.

"내가 왜 절도이고 강도입니까? 나는 18살에 시집와서 남자 바지 기와찜(주머니)에 손 넣어 본 적이 없어요. 남자 가방 자크 한번 열어 본 적 없습니다. 내가 무엇을 절도하여 강탈하였나요?"

주님이 말씀하셨습니다.

"너는 십일조를 떼먹었다. 안식일을 뺐다. 주일 밤, 수요일 밤에 예배드리지 않았다. 성미도 가끔 빠뜨렸다. 이보다 더한 절도가 어디 있나? 물건만 가지고 가지 않았다고 그러냐? 이 절도야! 강도야!"

그 후부터 나는 예배에 결석하지 않았습니다.

흔적

나는 은혜가 임하는 곳이라면 땅끝까지 가고 싶은 심정이었습니다. 그때 대리중앙교회에서 부흥회가 열렸습니다. 우리 집에서 30분 이상 걸어야 하는 먼 길이었습니다. 나는 새벽에도, 저녁에도 막내아들 손을 잡고 집회에 참석하였습니다. 새벽기도를 마치고 30분 정도 걸어서 집으로 돌아왔습니다. 동네 사람들이 모두 논밭에 나와서 일하고 있는 모습이 보였습니다.

셋째 날 새벽기도를 드릴 때였습니다. 하나님께서 내 몸에 흔적을 주시기 시작하셨습니다. 얼굴에 도장이 찍힌 것 같은 흔적, 손에는 십자가 못자국 흔적이었습니다. 나는 당황하였습니다.

"우짜꼬! 주님! 얼굴이 너무 흉해요. 지워 주세요."

그리고 보니 내가 이랬다저랬다 하는 것 같았습니다. 그러나 얼굴의 흉터 같은 흔적이 싫었습니다. 내가 아무리 갈팡질팡하여도 주님은 사랑스럽게 말씀하셨습니다.

"지워지고 없어지라."

그 후 그 흔적은 사라졌습니다. 그러나 많은 사람들이 내 얼굴의 흉터 같았던 흔적을 기억하고 있습니다. 그렇지만 손에 난 십자가 흔적은 오랫동안 그것이 남겨져 있었습니다. 새벽 예배에 데리고 다녔던 막내아들한테 손바닥의 십자가 흔적을 그려서 보여주었습니다. 아들도 믿지 않았습니다. 교회 장로님, 집사님들에게 보여줘도 다들 보지를 못하였습니다. 하나님이 주신 흔적이라 아무에게 다 보여주지 않으셨습니다.

하나님께서는 내 눈의 영안을 열어 내 손에 분명하고도 확실한 십자가를 보게 하셨던 것입니다. 그 후 사역을 하면서 그 손에 십자가는 능력이 되어져 있음을 알 수 있었습니다.

역사상 몸에 오상(五傷)의 흔적이 주어진 사람이 많았습니다. 대표적인 분이 비오 신부입니다. 그가 이탈리아 카프친 수도원에서 수도하고 있을 때였습니다. 1918년 9월 20일 아침 예배를 드리고 혼자 조용히 주님과 있을 때 몸에 흔적이 나타났습니다. 양손, 양발 그리고 가슴에 피가 흘렀습니다.

병원에 가서 치료하여도 낫지 않았습니다. 평생 피가 흘렀습니다. 그는 아픈 몸으로 살아야 했습니다. 사람들이 물었습니다.

"얼마나 아프신가요?"

비오가 낮은 목소리로 대답하였습니다.

"동그란 못이 아니라 네모난 못을 몸 구멍에 넣고 쑤시는 것 같은 아픔입니다."

프란시스 성인에게도 오상이 나타났습니다. 하나님께서는 나에게도 오상의 흔적을 잠깐 주셨다가 사라지게 하셨습니다. 나를 위해 일하라고 격려하신 것으로 보고 있습니다. 그리고 나를 불쌍히 여기셨던 것 같습니다.

거짓깔로 울지 마시오.

결혼 전에 우리 가정에는 할머니가 같이 살고 있었습니다. 말년에 거동이 불편하여 움직이지 못하였습니다. 하루에 몇 번씩 화장실을 드나 들었습니다. 내가 업고 다녔습니다. 할머니는 화장실에 가고 싶으면 늘 나를 불렀습니다. 늘 기침을 하였습니다. 기침을 멋게 하려고 할머니 옆에 식혜가 떨어지지 않게 하였습니다. 할머니는 밤이면 나와 같이 자자고 말했습니다. 그래서 할머니와 밤낮을 같이 있어야 했습니다. 나는 할머니 주변을 깨끗하게 정리하여 드렸습니다. 몸도 항상 정결하게 씻어 드렸습니다. 옷도 자주 세탁하여 입혔습니다.

어느 날 부엌에 친척들이 모여 속삭이는 소리를 들었습니다. 할머니 흉을 늘어놓고 있었습니다. 극단적인 욕도 마다하지 않았습니다. 나는 못 들은 척하였습니다.

할머니는 87세를 일기로 하나님의 부르심을 받았습니다. 돌아가시기 전에 유언하셨습니다.

"내가 아끼며 입지 않은 좋은 옷이 있다. 그리고 멋진 수건이 있다. 이 두 개는 양자에게 주어라."

할머니의 소중한 유산을 내가 받았습니다. 그러나 입지 않았습니다. 할머니 유산을 받으려고 효도한 것이 아니었기 때문입니다. 장례식을 할 때 할머니를 흉보고 욕하던 친척들이 통곡을 하였습니다.

"아이고, 아이고."

나는 눈물 한 방울 흘리지 않았습니다. 그리고 통곡하는 그들에게 다가가서 말했습니다.

"정신 차리시오. 살아계실 때 잘하는 것이 효도이지 살아계실 때에는 욕하고 돌아가시니까 통곡하는 것이 무슨 소용이 있어요? 거짓말로 울지 마시오."

거짓깔은 전라도 사투리입니다. 거짓이라는 의미입니다.

제4편

자녀 교육

“이스라엘아. 들으라. 우리 하나님 여호와는 오직 유일한 여호와이시니 너는 마음을 다하고 뜻을 다하고 힘을 다하여 네 하나님 여호와를 사랑하라. 오늘 내가 네게 명하는 이 말씀을 너는 마음에 새기고 네 자녀에게 부지런히 가르치며 집에 앉았을 때에든지 길을 갈 때에든지 누워 있을 때에든지 일어날 때에든지 이 말씀을 강론할 것이며 너는 또 그것을 네 손목에 매어 기호를 삼으며 네 미간에 붙여 표로 삼고 또 네 집 문설주와 바깥 문에 기록할지니라.”(신 6:4-9)

아버지! 감사하고 사랑합니다

아버지! 감사하고 사랑합니다

혼돈의 시대

오늘의 시기는 혼돈의 시대입니다.

선생은 많아도 스승이 없습니다.

학생은 많아도 제자가 없습니다.

학교는 많아도 교육이 없습니다.

목사는 많아도 목자가 없습니다.

교인은 많아도 성도가 없습니다.

정치는 많아도 정치가가 없습니다.

아파트는 많아도 가정이 없습니다.

아이들은 많아도 자녀가 없습니다. 가정마다 자녀들 문제로 골머리를 앓고 있습니다.

하나님이 원하시는 사람

모세 어머니의 모세를 향한 무릎 교육이 궁중 교육 40년을 이겼습니다. 공교육을 사교육이 이겼습니다. 하나님은 아이의 적성을 조사하여 잘하는 것을 밀어주라고 하지 않으십니다. 자기가 원하는 사람이 되라고 하시지 않습니다. 부모가 원하는 아이를 만들지 않습니다. 하나님은 하나님이 원하는 사람이 되기를 바라고 계십니다. 하나님은 베드로가 능숙한 어부로 살기 원하지 않으셨습니다. 사람을 낚는 어부가 되게 하셨습니다. 하나님은 모세가 양치는 목자가 되기보다 민족을 애굽에서 가나안으로 인도하시기를 원하셨습니다.

칠남매 교육

나는 7남매를 길렀습니다. 첫 교육은 예수님의 말씀 교육이었습니다. 시어머니를 모시고 살면서 윗사람 공경하는 예절부터 가르쳤습니다. 어른을 섬기도록 양육하였습니다. 이웃에서 음식을 가지고 오면 그냥 두게 하였습니다. 어른이 누구 집에서 주신 음식인지를 알고 그 집에 감사 인사를 드린 후 자녀들이 먹게 하였습니다. 그래서 이웃이 먹을 것을 가지고 오면 아이들은 잘 받아 두었습니다. 자기들이 먼저 먹지 않고 기다렸습니다.

식사 끼니 때에도 아이들을 순서대로 적당한 양만 주었습니다. 냉정하였습니다. 맛있는 반찬은 서로 나누어 먹도록 가르쳤습니다. 이웃 사람들이 이 모습을 보았습니다. 너무나 엄격한 것을 보고 자기 자식이 아닌 것 같다고 하였습니다.

길을 가다가 넘어지면 스스로 일어날 때까지 기다렸습니다. 일으켜 주지 않았습니다. 자립심을 길러 주고 싶었습니다. 또 주는 대로 먹게 하였습니다. 그래서 7남매가 지금까지 반찬 투정을 하지 않고 있습니다. 못 먹는 음식이 없습니다. 음식을 가리지 않습니다.

7남매는 모두 대소변을 다른 집 아이들보다 일찍 가렸습니다. 이유가 있습니다. 기저귀에 대소변을 보게 하지 않았습니다. 시간마다 대소변을 보도록 유도하였기 때문입니다. 기저귀를 갈 때에 다른 사람들에게 하체를 보여주지 않았습니다. 사람들이 있을 때에는 못 보게 하고 기저귀를 갈아 주었습니다.

자녀들끼리 형제 우애가 있도록 하였습니다. 그래서 이런 이야기도 있습니다. 한 자녀가 학교에서 빵 급식을 받았습니다. 다른 아이들은 학교에서 받자마자 자기 혼자 다 먹었습니다. 그러라고 준 것이니까 그렇게 하는 것이 정상입니다. 그런데 우리 아이는 먹지 않고 싸가지고 왔습니다. 돌아와서 빵을 내게 주며 말했습니다.

"엄마! 이 빵 먹고 싶었는 데 동생과 같이 먹으려고 싸가지고 왔어요. 하늘만 보고 왔어요. 빵 생각 안 할려고 그런 거예요."

많은 어른들이 아이들이 인사 안 한다고 불평합니다. 그러나 나는 먼저 본 사람이 인사하면 된다고 생각하였습니다. 그래서 아이들에게도 내가 먼저 보면 먼저 인사하였습니다.

아이들 앞에서 남편 흉을 보며 말하지 않았습니다. 나의 남편은 참으로 흉이 많은 사람이었습니다. 그러나 입을 다물고 살았습니다. 혹시 이웃 사람들이 남편 흉을 보면 나는 그에게 엄하게 말했습니다.

“내 남편을 왜 당신들이 참견해요. 남편 일이 생기면 내가 해결할 것이고, 돈이 들면 내가 책임질 것이요. 내 남편은 내 남편이니 당신들이 이래라저래라 하지 마시오.”

제5편

기적이 따르는 신앙생활

"네가 물 가운데로 지날 때에 내가 너와 함께 할 것이라. 강을 건널 때에 물이 너를 침몰하지 못할 것이며 네가 불 가운데로 지날 때에 타지도 아니할 것이요 불꽃이 너를 사르지도 못하리니 대저 나는 여호와 네 하나님이요 이스라엘의 거룩한 이요 네 구원자임이라. 내가 애굽을 너의 속량물로, 구스와 스바를 너를 대신하여 주었노라. 네가 내 눈에 보배롭고 존귀하며 내가 너를 사랑하였은즉 내가 네 대신 사람들을 내어 주며 백성들이 네 생명을 대신하리니."(사 43:2-4)

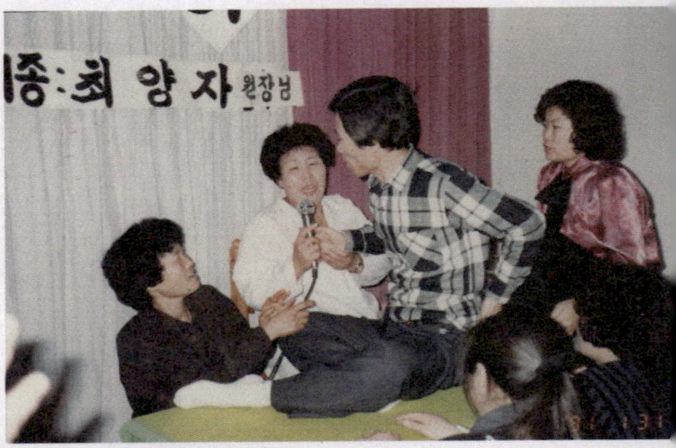
종:최 양 자 원장님

수 천국병원

기적

조카가 우리 집에 개 한 마리를 선물하였습니다. 3일 정도 지났습니다. 아침에 일어나 보니 그 개가 담 밑에 죽어 쓰러져 있었습니다. 남편이 나오기에 소리를 질렀습니다.

"개가 죽었어요."

남편은 퉁명스럽게 말했습니다.

"산에 갖다 버려요."

그러나 갑자기 나는 개도 하나님이 창조하신 창조물이고 하나님은 개도 사랑하신다는 생각이 스쳤습니다. 그래서 죽은 개를 품에 안고 기도드렸습니다.

"하나님! 하나님의 자녀가 개를 기르면 개도 잘 된다고 소문이 나야 하나님께서 영광을 받으시지요. 믿는 자의 집에서는 개도 건강하여야 사람들이 보고 또 개를 주지 않겠습니까? 그래야 저 집은 무엇을 해도 잘되는 집이라는 소문이 나야 하나님께서 영광을 받으시지 않겠습니까? 이 개를 살려 주세요. 못 할 것이 없으신 분임을 믿습니다."

기도하는 데 개로부터 따뜻한 기운이 느껴졌습니다. 눈을 뜨고 보니 개가 나를 또렷하게 쳐다보고 있었습니다. 마당에 내려놓았습니다. 개는 언제 죽었었느냐는 듯이 활기차게 뛰어다녔습니다. 그 후 그 개는 건강하게 잘 살았습니다. 사람들이 그 개를 볼 때마다 기적의 개라고 말해주었습니다. 그리고 새끼 나면 한 마리 달라고 아우성이었습니다.

또 다른 개 이야기도 잊을 수 없습니다.

나는 부엌에서 불을 때며 밥을 짓고 있었습니다. 그 옆에는 땔나무를 촘촘히 쌓아 놓았습니다. 그 안에서 개가 나오지 않고 엎드려 있었습니다. 아무리 불러도 반응이 없었습니다. 나무를 치웠더니 개가 한쪽 다리를 절름거리며 나왔습니다. 나는 불 때던 부지갱이를 놓고 개를 붙들고 기도하였습니다.

> **"하나님! 예수 믿는 집에서 기르는 개가 다리를 절면 쓰겠소? 안 되지요. 개도 잘 걸어야 하나님도 보시기에 좋고 나도 좋고 동네 사람들도 좋지요. 고쳐 주세요."**

이렇게 기도가 끝나자마자 개는 뛰기 시작하였습니다. 믿음의 기도는 개에게도 통하였습니다.

결혼 초기 우리 집은 바다에 김을 양식하고 있었습니다. 어느 날 남편은 모터 배를 몰고 김 양식장으로 나갔습니다. 배에는 양식장에 사용할 소나무가 가득 실려져 있었습니다. 나는 노젓는 배를 몰고 나갔습니다. 혼자 타고 일하는 조그만 배였습니다. 김 양식장 곳곳을 누비며 다녀야 했기 때문입니다. 그런데 남편이 운전하던 배 모터가 고장이 나서 꼼짝 못하고 있었습니다. 설상가상으로 바람이 세차게 불면서 내가 타고 있는 배가 망망대해로 휩쓸리고 있었습니다.

남편과 까마득하게 멀어졌습니다. 그러나 남편도 모터가 고장이 나서 어쩔 수 없는 상황이 되었습니다. 내가 할 수 있는 것은 기도밖에 없었습니다.

"하나님! 살려 주세요. 생명의 닻줄을 내려주세요."

기도하면서 보니 흰 박스가 보였습니다. 주님의 음성이 하늘로부터 생생하게 들렸습니다.

"이것이 생명의 닻줄이다."

흰 박스가 떠 있는 곳으로 노를 저었습니다. 그 박스에 줄을 묶었습니다. 놀랍게도 그 박스는 바다 밑 바위에 걸려서 떠내려가지 못 하고 고정되어 있었습니다. 내가 탄 배는 더 이상 떠내려가지 않았습니다. 그 줄이 내 배를 떠내려가지 못하게 잡고 있었습니다. 얼마 후 남편이 모터를 고쳐서 배를 몰고 왔습니다. 하나님은 내 생명을 항상 보호하고 계셨습니다.

주님을 만난 산 정상

새벽기도를 마치고 집으로 돌아올 때였습니다. 주님이 내게 음성을 들려주셨습니다.

"너는 집으로 가지 말고 산에 가서 기도하라."

나는 순종하였습니다. 산으로 올라가자마자 하늘이 캄캄해졌습니다. 안개가 갑자기 몰려왔습니다. 이상히 여기고 있을 때 주님이 말씀하셨습니다.

"사랑하는 딸아! 이것은 안개가 아니고 내 호흡이란다. 세상이 너를 보지 못하게 내가 너를 내 호흡으로 가렸다. 이곳이 겟세마네 동산이다."

산 위에서 나는 주님과 단독으로 많은 이야기를 나누었습니다. 신비한 세계를 보았습니다.

주님은 그것을 내게 보여주시려고 부르신 것이었습니다. 산에서 내려오니 안개가 없었습니다.

내려와서 나는 이렇게 글을 썼습니다.

더러운 이 그릇을
더러운 이 그릇을 주님 쓰시려고
내 이름 불러 주시니 이 어인 은혜인가.
되지 못하고 된 줄 알다가 쓰러진 이 몸은
빈손 들고 십자가 앞에 무릎 끓었사오니
오 내 주님 이 마음에 좌정하여 주소서.
더럽고 추한 그릇이 깨끗함을 입어서
성전에 기물이 되니 이 어인 은혜인가.
세상을 따라 방황하다가 실패한 이 몸은
빈손 들고 주님 우러러 못 자국을 만지오니
오 내 주님 나 죽도록 충성하게 하소서.

나 무엇 주님께 드려야 기뻐하시리까.
나 무엇 주께 드려서 이 은혜 갚으리요
넘쳐 나도록 축복하시고 사랑하신 주님께
순종하며 주님 것으로 살아가겠사오니
주님 다시 오시는 날 이름도 부르소서.

그것이 나였노라.

어느 이른 아침이었습니다. 우리 마을에서는 좀처럼 볼 수 없는 깔끔한 신사 한 분이 우리 집 앞을 지나가고 있었습니다. 그는 나를 보자 말했습니다.

"목이 마른 데 물 한 그릇 주시겠습니까?"

나는 빨리 물을 떠 가지고 가서 드렸습니다. 그는 굉장히 목이 말랐었는지 한숨에 물을 마시고 말했습니다.

"물이 달고 맛있네요."

그는 유유히 자기 방향으로 걷고 있었습니다. 나는 그 모습을 보며 혼자 중얼거렸습니다.

"아침 일찍부터 무슨 일을 하였기에 목이 저렇게 말랐을까?"

그때 어디선가 이런 음성이 들려 왔습니다.

"그것이 나였노라."

나는 부지중에 주님에게 물을 드렸습니다. 손님이 오지 않는 집은 천사도 오지 않습니다.

또 다른 경험이 있습니다. 옆 동네 할머니가 가끔 우리 동네를 찾았습니다. 동네 사람들은 모두 그 할머니를 싫어하였습니다. 초라하고 냄새나고 구질구질하였기 때문입니다. 그런데 그 할머니가 우리 집으로 들어왔습니다. 그때 주님이 말씀하셨습니다.

"목욕을 시켜 드려라."

나는 물을 데워서 목욕을 시켜 드렸습니다. 얼마 동안 샤워도 하지 않았는지 몹시 더러웠습니다. 나는 정성을 다하여 때를 밀었습니다. 목욕을 끝내자 주님이 또 말씀하셨습니다.

"네 옷 중에 가장 좋은 옷을 입혀 드려라."

나는 너무나 가난하여 좋은 옷이 없었습니다. 그런데 마침 어느 분이 외출할 때 입으라고 옷 한 벌을 선물로 주었습니다. 나에겐 아끼고 싶어서 입지 않고 잘 두었던 옷이 있었습니다. 그 옷을 꺼내어 입혀 드렸습니다.

할머니는 몹시 고마워하면서 우리 집을 나섰습니다. 그때 또 음성이 들렸습니다.

"그것이 나였노라."

내가 두 번째 들은 음성입니다.

눈병과 대장암을 치유하신 하나님(김○○ 집사)

저는 최양자 원님의 도움으로 신실하게 신앙생활을 하며 매주 주일 성수를 하는 김○○ 집사입니다. 어느 날 한 통의 전화를 받았습니다. 형이 이삿짐 센터를 운영하고 있는데 일할 사람이 갑자기 빠졌으니 이사하는 일을 좀 도와달라는 것입니다. 그래도 나는 주일날 어떤 일도 하지 않는다고 했지만 계속되는 전화여서 그래 한 번만 일을 도와줄 테니 다시는 주일날 연락하지 말라고 하고 이삿짐을 싸러 형을 따라갔습니다. 딱 한 번의 타협이 엄청난 사건을 불러 일으켰습니다.

짐을 모두 싣고서 고무바로 묶으려고 그 고무바를 땡기는 중에 고무바가 끊어져 튕겨 나와 내 눈을 강타했습니다. 고무줄에 맞은 눈알은 볼 수 없을 만큼 상해서 급하게 응급실을 갔지만 실명이라는 소리밖에 들리지 않았습니다. 서울 사대문 안에 있는 큰 병원을 두루 다녔지만 돌아오는 대답은 실명이었습니다. 그 아픔을 가지고 살다가 어느 날 성좌산 기도원에 가면 치유가 가능하다는 소식을 듣고 찾아갔습니다. 원장님께서는 내 눈을 이리저리 살펴보더니 내 눈에 손을 얹고 기도하기 시작했습니다. 갑자기 눈이 뜨거워지더니 답답했던 눈이 보이기 시작했습니다. 할렐루야!

한 번의 사건이 평생 아픔이 되어 버린 사건, 타협하지 말았어야 했는데 그 한 번의 타협이 평생 씻을 수 없는 상처가 될 뻔했지만 원장님을 통해 고침을 받을 수 있는 큰 기쁨을 얻었습니다. 그런 기쁜 신앙생활을 이어가던 중 또 한 번의 큰 어려움이 찾아왔습니다. 대장암이라는 판정을 받게 되었습니다. 나는 다시 원장님을 찾아 병세를 얘기하니 원장님이 엎드려 엉덩이를 까고 간절히 치유를 위해 기도하기 시작했습니다. 그런데 기적은 밤에 찾아왔습니다. 잠을 자고 있는데 엉덩이가 찜찜한 느낌이 들었습니다. 내가 잠을 자면서 혹시 똥을 싼 건 아닌가? 생각이 들어 다른 사람들 몰래 일어나 화장실로 들어가 옷을 내리고 상태를 살펴봤습니다. 그런데 놀라운 광경이 펼쳐졌습니다. 똥이 아니라 피와 함께 까만 탁구공 만한 덩어리가 있는 것을 발견했습니다. 깜짝 놀라 이게 뭔가 하고 손수건으로 싸서 원장님한테 보여주니 암 덩어리라고 하셨습니다. 그럼 암이 빠진 것입니까? 그럼 고침을 받은 것입니까?라고 말씀드리니, 원장님은 그렇다고 하나님께서 대장암을 치료해 주셨다고 말씀해 주셨습니다. 얼마나 기쁘고 감사한지.

내게 이런 큰 은혜와 기적을 베풀어 주신 살아계신 하나님을 찬양하지 않을 수 없고 경배하지 않을 수 없습니다. 모든 영광 존귀 찬양을 삼위 하나님께 올려 드립니다.

제6편

사역의 시작

"두려워하지 말라. 내가 너와 함께 함이라 놀라지 말라. 나는 네 하나님이 됨이라. 내가 너를 굳세게 하리라 참으로 너를 도와 주리라. 참으로 나의 의로운 오른손으로 너를 붙들리라. 보라. 네게 노하던 자들이 수치와 욕을 당할 것이요 너와 다투는 자들이 아무것도 아닌 것 같이 될 것이며 멸망할 것이라. 네가 찾아도 너와 싸우던 자들을 만나지 못할 것이요 너를 치는 자들은 아무것도 아닌 것 같고 허무한 것 같이 되리니 이는 나 여호와 너의 하나님이 네 오른손을 붙들고 네게 이르기를 두려워하지 말라. 내가 너를 도우리라 할 것임이니라." (사 41:10-13)

주제:내 증인이 되리라
심령부흥 및 은사집회
기간:8월 4일-14일

은 사 집

1차 기적의 부흥성회

/ 낮 10시30분 / 새벽 4시
좌산기도원 (원장:최 전남 나주

내가 경험한 기이한 은혜

나는 18살에 결혼하였습니다. 50살 될 때까지 장산도를 떠나지 않고 살았습니다. 그러나 성경대로 살려고 몸부림쳤습니다. 주님을 사랑하려고 최선을 다하였습니다. 누가 보아도 최고 열성이라고 인정하여 주었습니다.

50살이 되었을 때 주님이 나에게 조용히 말씀하셨습니다.

> **"사랑하는 내 딸아! 네 눈물이 내 눈물이다. 네가 흘리며 치마를 적신 눈물을 내가 눈물병에 담아서 천국에 보관하고 있다. 나 때문에 흘린 눈물은 모두 내 눈물이 되고 있다. 노아의 홍수만큼 눈물을 많이 쏟은 것을 알고 있다. 네 눈물이 바다같이 많구나. 땅끝까지 흐르고 있구나."**

그리고 이어서 말씀하셨습니다.

> **"사랑하는 딸아! 흙속에 넣기도 아깝다. 여기를 떠나라. 내 일을 하거라. 이제부터 너는 내 일을 하거라. 너는 이제부터 이 세상 사람이 아니다."**

나는 몹시 당황하였습니다. 나는 신학교에 다니지 않았습니다. 신학교는커녕 초등학교도 못 나왔습니다. 설교 한 번 해본 적이 없습니다. 내가 어떻게 주님의 일을 하여야 하는지 몰랐습니다. 용기가 나지 않았습니다. 그래서 내가 하던 일을 계속 하고 있었습니다. 그런데 이상한 사건이 생기기 시작하였습니다. 작은 손수건을 빨래하다가 손이 부러졌습니다. 그래서 농사도 지을 수 없었습니다. 논밭에 나가 들판을 바라보며 멍하니 서 있다가 돌아왔습니다. 손이 부러져 아무 일도 못하게 되었습니다.

주님께서 하신 명령에 순종함

여기에서 해야 할 일은 끝난 것으로 여기게 되었습니다. 나는 내가 태어나 살던 장산도를 떠나기로 결정하였습니다. 주님의 명령이기에 무조건 아브라함처럼 떠나기로 작정하였습니다.

그때 강대상 양편에 황소가 보였습니다. 강대상에 조용히 앉아 있던 황소가 갑자기 벌떡 일어서는 환상이었습니다. 황소처럼 일하라고 하시는 명령으로 보였습니다. 그리고 또다시 주님의 음성이 들렸습니다.

> **"사랑하는 딸아!**
> **노아의 방주에 들어가는 자는 살리라.**
> **광야의 놋뱀을 쳐다 보는 자는 살리라.**
> **선지자는 고향에서 대접을 받지 못한다.**

복음의 신발을 신어라.
그리고 떠나라."

나는 이 음성을 듣고 필요한 것들을 가방에 채우기 시작하였습니다. 주님이 또 말씀하셨습니다.

"너는 왜 내 마음을 아프게 하느냐?"

나에게 내일 일을 염려하고 있다고 책망하셨습니다. 나는 가방에 넣은 것들을 다시 빼냈습니다. 그리고 브라우스 한 벌만 남겼습니다. 또 같은 음성이 들렸습니다.

"너는 왜 내 마음을 아프게 하느냐?"

주님께 모든 것을 맡기고 떠나기로 작정하였습니다. 옷 한 벌 입은 채 주머니에는 성경과 10,000원을 넣고 장산도를 떠났습니다. 살림살이, 땅, 배를 모두 그대로 두었습니다. 배삯으로 천 원을 주었습니다. 목포로 나와서 식당에 가서 식사를 하였습니다. 이제 몇 푼 남지 않았습니다. 이때 또 음성이 들렸습니다.

"사랑하는 딸아!
내가 네 심령을 읽었다. 너를 감찰하여 보았다.

불쌍한 내 딸아!

내가 너를 지혜로운 자가 되게 하겠다. 천국과 지옥의 비밀을 보여 주겠다. 담대하게 내 일을 하거라."

나주 선창가에 조카와 딸이 나를 맞으러 나와 있었습니다. 나주에서 일 년을 지냈습니다. 나주에서 일 년은 사도 바울이 다메섹에서 하나님을 만난 후 아라비아에 가서 3년 조용히 있었던 때와 같습니다. 내게는 나주의 1년이 그런 시간이었습니다. 조용히 하나님과 교제하며 살았습니다. 그 후 서울의 딸 집과 수원의 아들 집을 오가며 살았습니다.

첫 부흥회 인도

어느 날 딸이 출석하는 교회에 갔습니다. 목사님이 나에게 내 운명을 바꾸는 제안을 하였습니다.

"우리 교회에서 부흥회를 해 주세요."

나는 당황하였습니다. 그때까지 나는 구역장도 한 번 해 본 적이 없었습니다. 말씀을 전해 보지 못하였습니다. 초등학교 문턱에도 가보지 못하였습니다. 성경 공부를 하지도 않았습니다. 그런데 목사님의 요청이 너무나 단호하고 강력하여 나도 모르게 한다고 대답하였습니다. 그리고 집으로 돌아와 고민에 빠졌습니다.

우리는 말씀을 듣고 나서 행동합니다. 그러나 천사들은 행동하고 나서 말씀을 듣습니다. 이스라엘 백성들이 말하는 "천사 비밀절"이 있습니다.

> **"능력이 있어 여호와의 말씀을 행하며 그의 말씀의 소리를 듣는 여호와의 천사들이여 여호와를 송축하라."** (시 103:20)

그래서 유대인들은 천사처럼 하나님의 말씀이라고 하면 이유를 묻지 않고 행동합니다. 그리고 나중에 물어봅니다. 노아에게 산 위에 배를 지으라고 하니까 이유를 묻지 않고 배를 만듭니다.

베드로에게 모든 것을 버려두고 나를 따르고 하니까 무조건 예수님을 따릅니다. 나도 그랬습니다. 부흥회를 인도하라고 하니까 한다고 하고 고민하기 시작하였습니다.

추운 겨울이었습니다. 교회에 난방 시설이 되어 있지 않았습니다. 목사님은 나에게 큰 방이 있는 집을 찾아보라고 하셨습니다. 그래서 큰 방이 있는 집을 물색하였습니다. 사람들이 가득 모였습니다. 부흥회를 어떻게 인도할지 몰랐습니다. 그래서 기도하고,

사도신경을 고백하고 한 사람에게 대표 기도를 하라고 하였습니다.

성경을 읽고 주님이 주시는 말씀을 전하기 시작하였습니다. 그리고 통성 기도를 하는 데 놀라운 상황이 일어났습니다. 모두 입신하고 쓰러졌습니다. 강력한 성령의 역사가 임했습니다. 모두가 신비한 체험을 하였습니다. 방언의 은사가 나타났습니다. 아프던 이들이 고침을 받았습니다.

대표 기도를 한 사람이 방언 받고 싶다고 하였습니다. 손을 얹고 기도하였더니 방언이 터졌습니다. 한 여자 성도 머리에 손을 얹고 기도하는 데 하나님이 주시는 말씀이 있었습니다. 그대로 말했습니다.

> **"당신은 집을 나설 때 오늘 어떤 여자가 도대체 무슨 말을 하나 판단하려는 마음으로 출발하였지요?"**

이 말을 듣고 그 여자는 엎드려져 통곡을 하였습니다.

걷지 못하고 기어다니는 아이가 참석하였습니다. 기도해 주었습니다. 그 자리에서 일어나 걷고 후에 운동장에 나가 공을 차게 되었습니다.

첫 집회는 대성황으로 마감되었습니다. 사람들은 나에 대하여 놀랐고, 나는 내 자신을 보면서 놀랐습니다. 자신감을 얻었습니다. 여기저기서 초청을 받게 되었습니다. 하나님은 준비된 사람을 쓰시나 봅니다. 하나님은 나도 모르게 나를 준비시키고 계셨습니다. 그 후 집회에서 수많은 기사와 이적이 따랐습니다. 10여 년 동안 전국이 내 무대가 되었습니다. 나는 어느덧 부흥 강사가 되어 있었습니다.

부흥 강사 7 수칙

나는 부흥회를 인도하는 가운데 부흥 강사 수칙을 정하였습니다.

제1 수칙 - 혼자 있을 때 거룩하라.
부흥회를 인도하려고 할 때 조건이 있습니다.

"혼자 있을 때 거룩하라."

나는 교인들이나 목사들을 보면서 이중적인 인격을 많이 보아왔습니다. 예배를 드릴 때에는 크리스천인데, 집에 가면 사탄이 되는 모습입니다. 이를 크리스탄이라고 합니다. 크리스천으로 시작하는 것같지만 끝에는 사탄입니다. 아나니아와 삽비라입니다.

가룟 유다 같은 사람입니다.

그래서 나는 혼자 있을 때에도 거룩하려고 몸부림쳤습니다. 생각으로도 죄를 짓지 않았습니다. 혼자 있을 때에도 거룩하여야 집회할 때 하나님이 함께 하십니다. 그리고 기적이 일어납니다. 하나님은 중심을 보시는 분이시기 때문입니다.

강대상 위의 목사는 강대상 밑에서도 성직자가 되어야 합니다.

교회에서 장로는 집에서도 장로가 되어야 합니다.

교회에서 집사는 직장에서도 집사가 되어야 합니다.

한결같아야 합니다. 부흥 강사의 첫 수칙은 혼자 있을 때에도 거룩하여야 합니다.

제2수칙 - 걸림돌이 없게 사시오.

집회를 인도하려면 두 번째 조건이 있습니다.

"걸림돌이 없게 사시오."

집회할 때 사람들과 불화한 적이 있으면 역사가 일어나지 않습니다. 예수님께서도 예물을 드리려다가 형제와 불화한 것이 생각나거든 예물을 그대로 두고 먼저 화해하고 드려야 받으시겠다고 하셨습니다. 집회를 인도하는 분들은 모두와 화목하여야 합니다.

그리고 걸림돌이 없어야 합니다.

어느 목사님이 꿈속에서 천국에 갔습니다. 예수님을 만났습니다. 예수님이 면류관을 머리에 씌워주셨습니다. 너무나 커서 머리가 보이지 않았습니다.

"주님! 면류관이 너무 커요."

이 말을 듣고 주님은 책망하셨습니다.

"너는 다시 땅으로 가라. 그리고 너와 싸운 목사와 화해해야 천국에 들어 올 수 있다."

목사님은 깜짝 놀라서 잠에서 깨어났습니다. 자기와 다툰 목사님을 찾아갔습니다. 그리고 화해하였습니다. 걸림돌이 있으면 부흥회를 인도하여도 역사가 일어나지 않습니다.

제3 수칙 - 강사비에 연연하지 마시오.

집회를 하려고 하면 세 번째 지켜야 할 원칙이 있습니다.

"강사비에 연연하지 말아야 합니다."

집회를 마치고 나면 어김없이 사례를 하였습니다. 나는 강사비를 주면 십일조만 가지고 왔습니다. 올 때 교통비가 필요하기 때문입니다.

거저 받았으니 거저 주어야 한다고 생각하였습니다. 돈에 관심을 가지면 하나님이 함께 하시지 않습니다.

제4 수칙 - 아무 것이나 먹지 마시오.

집회를 인도하려는 강사는 음식 조절을 잘하여야 합니다. 아무 것을 먹어서는 안 됩니다. 음식 속에 악령이 들어 있기 때문입니다. 나는 커피, 돼지고기, 뱀장어, 개고기, 심지어 생선회까지도 먹지 않았습니다. 이런 음식을 먹으면 영이 탁해집니다. 집회는 영적 싸움인 데 흐린 영, 약한 영으로는 사탄을 물리칠 수 없습니다.

조용하면 풀벌레 소리가 잘 들리는 것처럼 영적으로 맑으면 하늘의 음성이 또렷하게 들립니다.

제5 수칙 - 부부 관계도 줄이시오.

집회를 인도할 강사는 부부 관계도 금해야 합니다. 부부 관계는 영을 혼탁하게 만듭니다. 부부 관계에는 색욕이 들어 있습니다. 즐김이 숨겨져 있습니다.

제가 이런 말을 하면 믿을 수 있을까요?

나는 남편과 8번 관계를 하였는데 8자녀를 낳았습니다. 평생 그것이 전부입니다.

남편 앞에서 옷을 벗지 않았습니다. 예수님이 항상 내 옆에 계셨습니다. 주님이 보고 계신 데 어떻게 옷을 벗을 수 있겠습니까? 나는 평생 남편 앞에서도 옷을 벗어 보지 않았습니다.

부흥회를 인도할 사람은 영을 맑게 해야 하기에 부부 관계를 줄여야 합니다.

제6 수칙 - 사람들과 밀접한 접근을 금하시오.

부흥회를 인도하려면 먼저 영이 맑아야 합니다. 그런데 주변에 있는 사람들에게는 더러운 영이 항상 그림자처럼 따라다닙니다. 욕심, 음란 등 더러운 영들이 붙어 있기 쉽습니다. 그래서 나는 사람들을 보통 나에게서 1m 정도는 떨어지게 합니다. 특별한 때, 특별한 사람 외에는 1m 정도 거리를 두고 살았습니다. 18년 동안 기도원에서 같이 산 최정구 장로도 꼭 한번 손을 잡아 보았습니다.

제7 수칙 - 영적인 음성을 들어야 합니다.

집회는 영적 전쟁입니다. 성령은 깊은 것이라도 보게 하십니다. 그래서 성령께 전적으로 의지하여야 합니다. 아름다운 말이나 미사여구의 말은 집회에 전혀 도움이 되지 않습니다. 성령의 말씀만이 듣는 이의 영을 사로잡을 수 있습니다.

머리로 준비한 설교는 머리로 들어갑니다.
가슴으로 준비한 설교는 가슴으로 들어갑니다.
무릎으로 준비한 설교는 무릎을 꿇게 합니다.
눈물로 기도하며 준비한 설교는 눈물이 나오게 합니다.

한 여인이 기도를 받으러 왔습니다. 성령님이 나에게 그가 지은 죄를 보여주셨습니다. 내가 단도직입적으로 물었습니다.

"당신 아이를 죽였네요."

이 말을 듣자마자 그 여인은 놀라서 쓰러졌습니다. 고백하였습니다. 딸만 7명을 낳았습니다. 8번째 또 딸이었습니다. 그는 딸이 지겨워 갓난아이를 이불을 덮어 죽였습니다.

살인죄였습니다. 하나님께서 이 모습을 보여주셨습니다. 내가 지적하자 그는 통곡을 하며 회개하였습니다. 나는 그의 상처를 싸매주었습니다. 며칠 기도하다가 돌아갈 때에는 희락의 영을 받아 주님께서 죄를 용서하여 주셨음을 확신하였습니다.

결론은 기쁨이었습니다. 어린 자녀를 데리고 왔었습니다. 나는 어린아이들에게는 꼭 돈을 주는 버릇이 있습니다. 그에게도 많은 돈은 아니지만 과자 사 먹으라고 돈을 주었습니다.

나는 집회를 인도하는 강사로서 이렇게 7가지 수칙을 지켰습니다. 집회 때마다 하나님이 함께하여 주셨습니다. 가는 곳곳마다 성령의 역사가 신비하게 나타났습니다.

서울에서는 주로 가정집에서 많은 사역을 하였습니다. 모이는 곳마다 사람들이 가득하였습니다. 예배드리고 개인 기도를 드릴 때마다 한 심령 한 심령이 엄청난 변화를 체험하게 되었습니다.

예언하였습니다.
치유하였습니다.
대언하여 주었습니다.

자기 집에 오셔서 집회하여 달라는 요청이 전국에서 답지하였습니다. 집회하였던 집이 많은 축복을 받았습니다. 사람들이 올 때마다 빈손으로 오지 않았습니다. 과일, 쌀, 화장지 등 생활필수품을 들고 오기 시작하였습니다. 이렇게 10여 년 동안 전국을 돌면서 사역하였습니다.

가스 중독되면 죽는다.

하나님은 내 생활에 일일이 간섭하여 주셨습니다. 수원에 사는 아들 집에 가서 며칠을 지냈습니다. 아들이 출장을 가서 혼자 자게 된 밤이었습니다. 날씨는 잔뜩 흐려지고 찌뿌듯한 밤이었습니다. 저기압이 깔려 있는 호젓한 밤이었습니다. 막 잠에 들었는 데 주님의 음성이 들렸습니다.

"문 열어라. 연탄가스 중독되면 죽는다."

나는 대수롭지 않게 여기고 잠이 들었습니다. 또 주님의 음성이 들렸습니다. 똑같은 음성이었습니다. 그럼에도 나는 가물가물 잠에 빠졌습니다. 이번에는 다급하게 3번째 음성이 들렸습니다.

"문을 열어라. 또 자면 너는 죽는다. 빨리 일어나 밖으로 나가라."

나는 벌떡 일어나 밖으로 나왔습니다. 비가 내리고 있었습니다. 어지러워 쓰러질 것 같았습니다. 나는 연탄가스에 중독되어 있음을 알았습니다.

주님은 또 나를 깨워 살려 주셨습니다. 주님은 죽을 고비에서 내 생명을 건져 주셨습니다.

제7편

나의 성품

"심령이 가난한 자는 복이 있나니 천국이 그들의 것임이요. 애통하는 자는 복이 있나니 그들이 위로를 받을 것임이요. 온유한 자는 복이 있나니 그들이 땅을 기업으로 받을 것임이요. 의에 주리고 목마른 자는 복이 있나니 그들이 배부를 것임이요. 긍휼히 여기는 자는 복이 있나니 그들이 긍휼히 여김을 받을 것임이요. 마음이 청결한 자는 복이 있나니 그들이 하나님을 볼 것임이요. 화평하게 하는 자는 복이 있나니 그들이 하나님의 아들이라 일컬음을 받을 것임이요. 의를 위하여 박해를 받은 자는 복이 있나니 천국이 그들의 것임이라." (마 5:4-10)

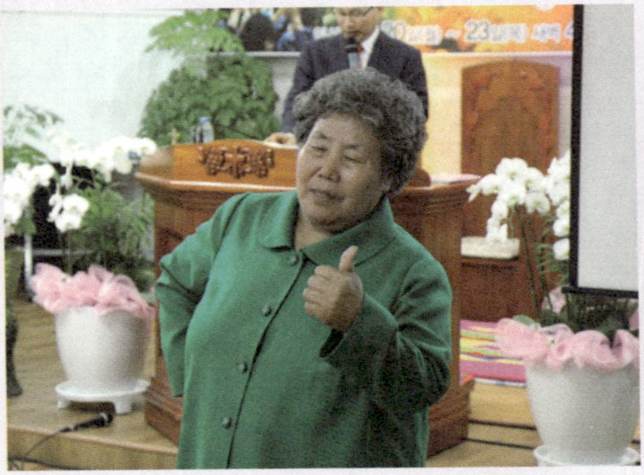
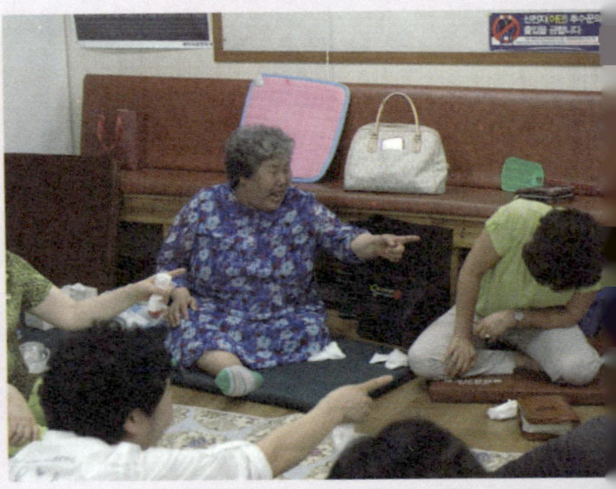
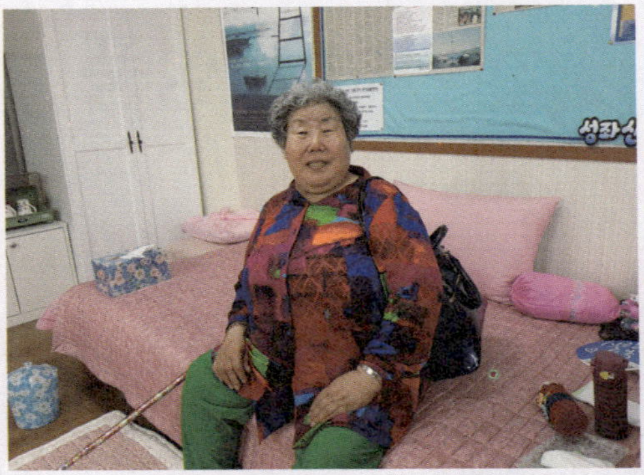
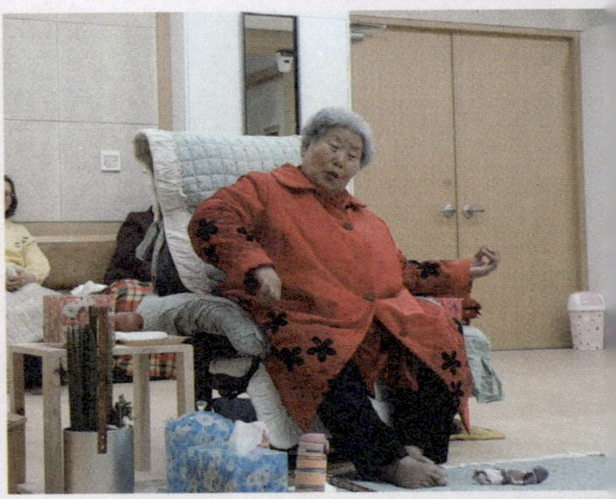

사람들이 나를 평할 때 가장 많이 듣는 말이 있습니다. 세 단어입니다.

사랑
주기
신비

나는 서로 사랑하자는 말을 강조합니다. 하나님이 십자가 주신 것 자체가 사랑이기 때문입니다. 그리고 예수님이 우리를 사랑하시는 그 사랑은 받을 것을 생각하지 않은 주기만 하는 사랑, 아가페 사랑이기 때문입니다. 이 세 단어에 해당 되는 이야기들이 있습니다.

귀신까지 사랑하고 싶은 심정

기도원 사역은 거저 받았으니 거저 주자는 것과 사랑뿐입니다. 어느 날 애기 귀신 들린 여자를 데리고 왔습니다. 성숙한 어른이 하는 행동, 음성, 말 모두 아기였습니다. 예수님의 이름으로 아기 귀신을 쫓았습니다. 그때 그 속에 들어 있는 아기 귀신이 애원하였습니다.

"나 여기서 나가면 갈 곳이 없어요. 여기 있게 해주세요."

나는 순간적으로 망설였습니다. 아기 귀신이 나가서 떠돌아다닐 것을 생각하니까 불쌍하였습니다. 내쫓을 수가 없었습니다. 귀신까지 불쌍하게 보이는 사랑이 내 속에 있는 것을 알았습니다. 그러나 사탄을 기르면 사탄은 은혜를 갚는 존재가 아니라 도리어 기른 이를 죽이는 악령이라는 것을 잘 압니다.

별난 취미를 가진 별난 여인 이야기입니다. 어느 여인이 구렁이 새끼를 길렀습니다. 매일 먹이를 주었습니다. 잘 자랐습니다. 드디어 큰 구렁이가 되었습니다. 그러던 어느 날부터 먹이를 주어도 먹지 않았습니다. 동물 병원에 갔습니다. 수의사가 말했습니다.

"구렁이는 자기보다 큰 동물을 먹으려면 며칠 전부터 속을 비웁니다. 당신을 먹으려고 준비하는 중입니다."

놀란 여인은 자기 모습과 똑같이 인형을 만들었습니다. 그리고 구렁이 옆에 두었습니다. 순간 구렁이는 인형을 칭칭 감았습니다. 그리고 먹으려고 달려들었습니다.

그래서 아기 귀신 쫓기에 망설였지만 결국은 쫓아 버렸습니다.

오 수사관

해병대 출신이며 모 경찰서 오00 수사관 이야기입니다. 그는 성격이 직업상 강한 사람입니다. 그에겐 절세미인 아내가 있습니다. 교회 다닌다고 18년 동안 심한 폭력을 하였습니다. 그도 최 원장을 만나 새사람이 되었습니다. 지금도 기도원을 드나들며 조경하여 주고 있습니다. 아내가 고백합니다.

"나는 한 번 결혼하고 두 남자와 살아요. 우리 남편은 최 원장님을 만나고 전혀 다른 사람이 되었어요."

기도원 건축

몰려드는 이들을 수용할 곳이 없어졌습니다. 기도원이 필요하였습니다. 하나님께서 이 분 저 분을 통하여 건축하게 인도하여 주셨습니다. 기도원을 건축하면서 헌금을 드리러 오는 분들에게 나는 말했습니다.

"새 성전을 짓는 것을 당신들은 보고 있지요. 그런데 당신들 마음에 먼저 성전이 이루어지고 있는가요? 보이지 않는 성전이 이루어지지 않으면 보이는 성전은 아무 소용이 없습니다."

나이와 띠

목사님들이 우리 기도원에 많이 오고 있습니다. 나는 목사님들에게 종종 물을 때가 있습니다.

"몇 살이요?"

그러면 많은 목사들이 동물 이름까지 말하며 십이 갑자를 인용합니다.

"48년 쥐띠입니다."

"47년 돼지띠입니다."

이런 대답을 들으면 나는 좀 화가 납니다. 그래서 이렇게 충고하여 주곤 하였습니다.

"동물은 우상이요. 왜 나이만 말하면 되지 짐승을 끌어 드리시오. 왜 짐승을 사람 위치까지 끌어 올리시오? 우리는 거룩하신 하나님의 백성들이 아니요."

그러면 목사님들이 얼굴 빨개지며 말합니다.

"죄송합니다. 이제부터는 짐승 이름은 빼겠습니다."

왜 까치가 울면 반가운 손님이 올 것이라고 말하나요? 주님이 함께 하시면 좋은 일이 일어날 것이라고 주님을 높여야지요. 동물 이야기는 하지 않는 것이 좋습니다. 우리는 오직 예수님만 높여야 합니다.

틈틈이 섬 선교

나는 틈틈이 섬으로 전도하러 나갔습니다. 섬으로 갈 때에는 먹을 것, 입을 것, 생필품을 산더미처럼 준비하여 가지고 갔습니다. 주고 또 주고 더 주고 싶어서였습니다. 미용 재료까지 가지고 가서 미용 봉사도 하였습니다.

받는 즐거움을 보는, 주는 즐거움은 주님이 주시는 선물이었습니다. 받는 그들보다 주는 내가 더 행복하였습니다. 받는 이에게는 주님이 축복하지 않으시지만 주는 자는 주님께 꾸이는 것이니 주님이 갚아 주시겠다고 하셨기 때문입니다.

목사님의 종

어느 목사님이 와서 말했습니다.

"권사님! 내가 매달 월급을 100만 원 줄 테니 내가 지정해 주는 사람만 기도해 주세요."

나를 자기 종으로 만들겠다는 말입니다. 나를 통하여 들어오는 돈을 자기가 갖겠다는 의미였습니다. 나는 단호하게 거절하며 말했습니다.

"내가 누구 종이요? 목사님 종이요? 아니요. 나는 하나님의 종 노릇만 할 것입니다."

나는 오직 하나님만 바라보기로 작정하였습니다.

잔돈 받지 않기

나는 직접 시장에 가서 반찬거리나 식사에 필요한 음식물을 삽니다. 그때마다 잔돈을 받지 않았습니다. 잔돈을 주려고 하면 늘 이렇게 말했습니다.

"커피 한 잔 사드세요."

시장 상인들은 내가 늘 그렇게 하는 것을 알고 있습니다. 채소 파는 여인이 잔돈을 안 받는 나를 보고 말했습니다.

"원장님! 다음에 오실 때에는 저녁에 오세요."

왜 그런 말을 하는지 몰라서 저녁에 갔습니다. 그는 팔다 남은 모든 것을 다 싹쓸이해서 내게 주면서 말했습니다.

"원장님! 다 가지고 가세요. 남은 것을 버려야 하거든요."

커피값 몇 잔 주고 더 많은 대가를 받았습니다.

나는 모든 상행위에서 잔돈을 거슬러 받지 않고 살아왔습니다.

교통사고

1992년 12월 18일 큰 교통사고가 났습니다. 나는 나주 병원으로 실려 갔습니다. 그러나 너무나 중하여 광주 대학병원인 조선대 병원으로 이송되었습니다.

의사는 뇌에 피가 고여 못 깨어날 수도 있다고 하였습니다. 깨어 나더라도 뇌의 손상으로 인해 불구가 될 수 있다고 하였습니다. 혼수상태로 있다가 며칠 만에 정신이 들었습니다. 병원인 것을 알았습니다. 빨리 집에 가고 싶었습니다. 나도 모르게 나는 소리를 질렀습니다.

"내가 왜 여기에 있느냐? 집으로 보내줘!"

그리고 나답지 않게 처음으로 욕까지 튀어나왔습니다.

병실에서 소리를 지르니까 같이 있던 병실 사람들이 같이 있을 수 없었습니다. 그래서 다른 병실로 이동되었습니다. 2호실이었습니다. 나는 병원에서 주는 약은 먹지 않기로 하였습니다. 그래서 약을 주면 모조리 쓰레기통에 버렸습니다. 하나님이 고쳐 주실 것을 믿었습니다. 주님이 내게 나타나셨습니다.

"딸아! 네가 그동안 뭘 했다고 벌써 내게 오려고 하느냐? 더 일하다가 오거라. 너는 내 일할 사랑하는 딸이다."

이런 일이 있은 후 급속한 치유가 일어나기 시작하였습니다. 간호사도 의사도 놀랄 정도였습니다. 나는 2인실 병실에서 집회를 시작하였습니다. 병실에서 웃음꽃이 피었습니다. 간호사와 의사들도 은혜받으러 왔습니다. 의사와 간호사들이 나에게 기도하여 달라고 하였습니다.

그때 사고를 냈던 청년이 경찰과 함께 찾아왔습니다. 죄송하다고 용서를 빌었습니다. 청년을 보는 순간 내 자식들이 생각이 났습니다. 자식을 보는 듯 하였습니다.

내 차는 보험도 들어 있지 않았습니다. 보상받을 길이 없었습니다. 그러나 그 청년에게 복음을 전해야 겠다는 생각이 났습니다.

문병을 오면서 사람들이 준 돈 봉투를 모아보니 50만 원이었습니다. 그 청년 손에 쥐어주었습니다. 그리고 말했습니다.

"꼭 예수 믿으시오. 예수 믿고 천국에 가시오."

같이 온 경찰관이 어이없다는 듯이 쳐다보았습니다. 경찰이 주변 사람들에게 물었습니다.

"이 집에는 똑똑한 사람이 없소?"

보상 합의를 하여야 하는 데 왜 안 하고 오히려 돈을 주느냐고 물었습니다.

조금 후 완전히 회복되었습니다. 이 사람 저 사람이 주는 돈으로 병원비도 다 해결되었습니다.

평생 TV 보지 않기

나는 평생 밤 12시에 잠자리에 들었습니다. 그리고 어김없이 3시에 일어나 화장을 간단하게 끝냈습니다. 하나님에게 단정하게 보이려고 하였습니다.

평생 TV를 보지 않았습니다. 뉴스도 관심이 없습니다. 늘 분초마다 때마다 발걸음마다 주님과 대화만 하였습니다. 오직 영적으로 성결하게 되는 곳에만 눈길을 두었습니다.

제8편

성좌산 기도원의 시작

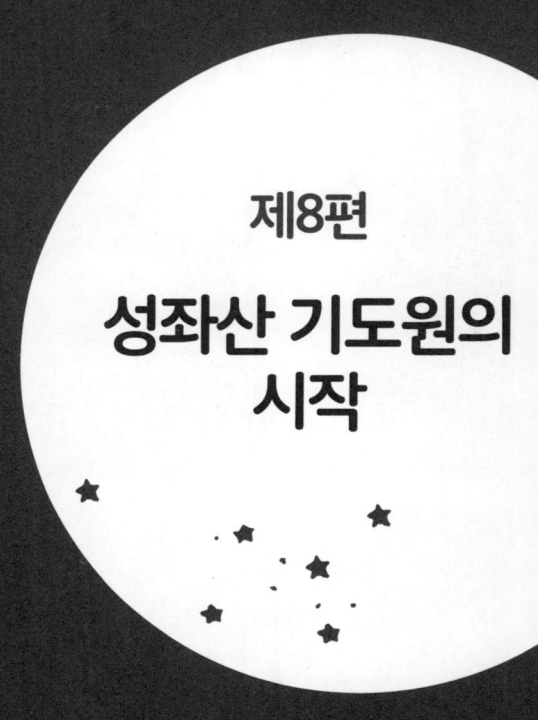

"네가 만일 하나님을 찾으며 전능하신 이에게 간구하고 또 청결하고 정직하면 반드시 너를 돌보시고 네 의로운 처소를 평안하게 하실 것이라. 네 시작은 미약하였으나 네 나중은 심히 창대하리라." (욥 8:5-7)

기도원을 시작할 때 일어난 에피소드

여기저기 초청을 받아 집회 인도를 다녔습니다. 여러 곳에서 은혜받은 이들이 모일 곳이 필요하게 되었습니다. 병자들이 머물며 치유받을 장소가 필요하였습니다. 사람들이 모여서 집중적으로 기도할 수 있는 장소가 있었으면 하고 기도하였습니다. 그런데 여수 집회를 인도할 때였습니다. 한 분이 이런 제안을 하였습니다.

"권사님! 나의 친정이 나주입니다. 친정에서 소를 기르던 막사가 있습니다. 지금은 소를 기르지 않습니다. 그래서 막사가 비어 있습니다. 돌아다니지 마시고 그곳에 정착하셔서 사람들을 불러 모으시면 어떻겠습니까?"

그래서 가보았습니다.

1989년 12월 어느 추운 겨울이었습니다. 나는 주님의 인도하심을 따라 지금의 성좌산 기도원 자리를 찾았습니다. 소를 키우던 곳입니다. 오랫동안 사용하지 않았던 우사였습니다. 거미줄이 어지럽게 얽혀 있었습니다. 말라비틀어진 소똥 무더기들이 즐비하였습니다. 쥐들이 이리저리 다니고 있었습니다. 쥐 소굴이 되어 있었습니다. 남편과 함께 더러운 것을 치웠습니다. 잠잘 방부터 정리하였습니다. 부엌도 만들었습니다. 예배드릴 곳을 만들어야 하기에 매일 우사를 청소하였습니다. 누가 이 더러운 곳에 올지 의심스러웠습니다. 그러나 하나님이 선택하신 곳이기에 하나님이 함께 할 줄 믿었습니다.

그해 겨울은 유난히도 추웠습니다. 온돌방을 데워 가며 하루하루 견디고 있었습니다. 그때 장산도에 살고 있는 제갈성자 집사가 찾아왔습니다. 큰 힘이 되었습니다. 제갈성자 집사와 남편 노규성 집사가 기도원 첫 예배의 주인공이 되었습니다. 그 후 지금은 고인이 된 김정식 전도사 가정이 합류하였습니다. 또 한두 사람들이 찾아왔습니다. 치유 역사가 나타났습니다.

시작은 미약하나 끝은 창대하다고 하신 말씀의 시작은 이렇게 이루어졌습니다. 사역이 점점 왕성해졌습니다. 광주 지역에서도 많은 환자들이 찾아오기 시작하였습니다.

이곳도 건물이라고 매월 20만 원 월세를 내야 했습니다.

두 목사의 배신

사역의 초창기 이곳저곳에서 많은 환우들이 찾아왔습니다. 아직도 예배 처소는 정리되기 전이었습니다. 누가 보아도 초라하기

짝이 없었습니다. 그러나 병 고침의 소문은 급속도로 퍼져 나갔습니다.

많은 분들이 찾아왔습니다. 그러던 어느 날 목사님 두 분이 오셔서 나를 돕기 시작하였습니다. 그때 나는 권사였습니다. 일하는데 한계가 있었습니다. 강사 초청도 할 줄 몰랐습니다. 두 목사님이 나를 적극 도와주었습니다. 하나님이 붙여 주신 일꾼으로 여겼습니다.

치유 받은 이들이 헌금을 드렸습니다. 돈이 생길 때마다 여기저기 손질을 하며 예배 처소가 자리를 잡아 갔습니다. 마침 붙어 있는 땅이 매물로 나왔습니다. 600만 원이었습니다. 그래서 최00 목사와 이00 목사와 함께 각각 200만 원씩 공동으로 구매하게 되었습니다. 이때부터 두 목사는 나를 핍박하기 시작하였습니다. 재산이 생기기 시작한 때부터입니다.

사사건건 기도원 일에 간섭하였습니다. 재정, 상담에도 두 목사님이 맡기 시작하였습니다. 급기야 나에게 한 달에 50만 원씩 월급을 주면서 주인 행세를 하였습니다. 남편 박 집사가 화가 나서 두 목사에게 대들었습니다.

"당신들 헛소리하지 말아요. 그렇게 하려면 기도원에서 나가시오.”

그러나 하나님은 나에게 싸우지 말라고 하셨습니다.

“발에 먼지를 털고 나가라.”

나는 하나님의 지시를 따라 손을 털고 기도원을 떠났습니다. 맨 몸이었습니다.

그때 나는 이삭을 생각하였습니다. 이삭이 우물을 파고 나자 블레셋 사람이 빼앗아 갔습니다. 이삭은 다투지 않고 조용히 물러 갔습니다. 하나님이 후에 르호봇에서 더 좋은 우물을 찾게 한 것이 생각났습니다.

내가 떠난 후 두 목사는 서로 다투었습니다. 이00 목사도 떠나고 최00 목사가 기도원을 운영하게 되었습니다. 그런데 내가 떠난 기도원은 찾는 사람이 아예 없었습니다. 기도원은 문을 닫아야 했습니다. 최00 목사는 전주로, 이00 목사는 무주와 여러 곳을 전전했다는 소식을 접할 수 있었습니다.

많은 세월이 흘러 최00 목사는 급성 암으로 갑자기 하나님의 부르심을 받았습니다. 나오면서 공동명의로 된 땅의 권리를 포기했고, 두 목사들 중 최종 최00 목사가 그 땅을 팔고 떠났다는 소식을 들었습니다.

이00 목사는 2013년 사모님이 암에 걸려 나를 찾아왔습니다. 잘못했다고 용서를 빌었습니다. 나는 그들을 이미 용서한지 오래였기에 그 아픈 사모를 안고 기도해 주었습니다. 축복 기도를 간절히 드렸습니다. 그 후 아직까지 소식을 들을 수 없습니다.

다시 부름받아

기도원이 문을 닫자 사람들이 내게 와서 다시 와 달라고 요청하였습니다. 나는 다시 기도원을 찾았습니다. 악령이 휩쓸고 간 자리는 폐허와 같았습니다. 갈급한 영혼들이 다시 몰리기 시작하였습니다.

그러나 건물을 그동안 수리를 하지 않아서 곧 무너져 내릴 것 같았습니다. 비가 왔습니다. 천정에서 물이 줄줄 흘렀습니다. 급하게 고쳐야 했습니다. 이때 주님이 말씀하셨습니다.

> **"고치지 말고 그대로 두어라. 대야를 밑에 두고 빗물을 받아라. 사람들이 보게 하라. 내가 사람을 가르리라. 이 모습을 보고 오는 이가 참 성도다. 건물이 낡았다고 건물 보고 안 오는 사람은 쭉정이다."**

우리 기도원에 오는 이들은 불평이 많았습니다.

소똥 냄새가 난다는 불평.
반찬이 맛이 없다는 반찬 타령.
시설이 안 좋다는 불만.
잠자리가 안 좋다는 불편.
화장실에서 냄새가 난다는 수근댐.
벌레가 많다는 하소연.

나는 그들에게 말했습니다.

"편히 자고 싶으면 호텔로 가요. 맛있는 것을 먹으려면 음식점으로 가시오. 잠자리가 불편하면 집으로 가요. 하나님 만나러 오는 사람만 오시오."

비정상은 정상이 아니다.

기도원 사역은 날로날로 성장하여 갔습니다. 성도들도, 목사들도 많이 찾아왔습니다. 무질서가 생기기 시작하였습니다. 비상식적인 사건들이 일어나기 시작하였습니다. 목사님들이 자기 방에서 집회를 따로 열었습니다. 성도들을 안수하며 개인적으로 친분을 맺었습니다. 헌금을 받아 챙기기도 하였습니다.

성도들에게 같이 나가서 교회를 개척하자는 목사님들도 있었습니다. 목사들에게 같이 나가서 기도원을 세우자는 성도들도 생겼습니다. 우리 기도원에서 잘 훈련받은 사역자들을 자기 교회로 데리고 가기도 하였습니다.

하나님은 질서의 하나님이십니다. 이런 비정상적인 행동은 꼭 문제를 야기시켰습니다. 안 좋은 결과를 낳았습니다. 비정상은 정상이 아닙니다.

성좌산 기도원에 올라오는 이들 중에는 나를 통해 나타나는 신적 능력만 배우려고 하는 이들이 있었습니다. 주어도 감당하지 못할 사람들이 많습니다. 자기들이 목적하는 바가 이루어지지 않으면 기도원을 비방하고 떠나는 이들도 있습니다.

나의 사역을 이단적이라고 비방하기도 합니다. 예수님을 인격적으로 먼저 만나야 한다고 말해 주어도 무슨 말인지 깨닫지 못합니다. 비정상은 정상이 아닙니다.

조학봉 목사와의 만남

기도원을 세우고 난 직후입니다. 서울 강남 논현동에서 목회를 하는 조학봉 목사가 찾아왔습니다. 조 목사는 나주에서 목사들과 함께 친교 모임을 가졌습니다. 모두 12명이었습니다. 그들은 근처에 성령 충만한 집사가 있다는 소문을 들었습니다. 만나고 싶다고 하여 모두 같이 기도원을 찾아왔습니다.

그들은 시골 아주머니 같은 내 모습을 보고 실망하였습니다. 전라도 장산도의 억센 사투리를 하는 데 무슨 말인지 알아듣기도 어려웠습니다. 모두 실망을 감추지 못하는 표정들이었습니다. 그러나 조학봉 목사는 최양자의 영적 능력을 알아차렸습니다. 그는 내 앞에 엎드려 기도를 받았습니다. 그런데 사실은 반대였습니다. 나는 조 목사님이 비범한 목사인 것을 알았습니다. 나는 조 목사님에게 말했습니다.

"내 종아! 비범한 종아!"

그리고 예수님의 음성을 대신하며 기도를 해주었습니다. 알고 보니 그때가 20일 금식 중이었습니다. 나는 그때 기도하며 펑펑 울었습니다.

하나님께서 너무나 사랑하는 종이었기 때문입니다. 그 후 조 목사는 20년이 넘도록 성좌산을 드나들었습니다. 나와 늘 영적 교제를 나누었습니다.

내가 대언하는 소리를 조 목사가 들었습니다.

"생명의 지팡이를 든 내 딸을 통하여서,
이제는 너희가 열방에서
전화로 내 딸에게 '눈이 아파요, 안 보여요!' 할 때,
내 딸이 '열려라!' 하면 열릴 것이다.
저 지구 끝에서 전화를 할지라도,
이제는 그 지팡이를 들고 그곳을 향할 때마다 역사가 나타나리라.
이것이 의인이 받는 축복이라. 영권이라. 특권이라.
너희들이 이런 것을 들어보았느냐? 생각을 해보았느냐?
이것이 성좌산의 내 딸 최양자의 능력이라.
이제는 내 딸을 통하여서 세계가 달라질 것이다."

얼마 후 조 목사는 나를 서울로 부흥회 초청을 하였습니다. 조 목사가 나를 데리러 서울에서 나주까지 왔습니다. 나는 네 시간 동안 한마디도 하지 않았습니다. 오직 주님께 기도만 하였습니다. 둘이 한마디도 하지 않았습니다.

부흥회가 시작되었습니다. 나는 일어서서 준비된 칠판에 아무도 해석하지 못할 영서를 쓰기 시작하였습니다. 무학으로 글자도 알지 못했던 여인이 이상한 부호로 글을 써내려 갔습니다. 모두가 이상히 여기는 눈초리로 바라보았습니다. 이상한 짓을 한다는 비웃음도 보였습니다.

벨사살 왕이 잔치를 베풀었을 때였습니다. 손이 나타나 벽에 글을 썼습니다. 아무도 해석하지 못하였습니다. 다니엘만이 해석하였습니다. 나는 칠판 그득 쓰고 나서 해석하였습니다.

"목사도 전도사도 아닌 집사를 초청하느냐고 너희들은 말했느니라."

사람들은 놀랐습니다.

"오, 이럴 수가!"

"아!"

여기저기에서 탄식 소리가 들렸습니다. 그 한마디에 강퍅하였던 마음들이 열리기 시작하였습니다. 은혜의 문이 열리기 시작하였습니다.

그다음 날부터는 은혜의 불구덩이었습니다. 병자들이 모두 고침을 받았습니다. 간암 말기 남자가 찾아왔습니다. 그도 고침을 받았습니다. 그동안 병을 고치려고 몸부림쳐 왔습니다. 돈도 거의 소진되었습니다. 그는 즉석에서 결혼반지를 헌물로 바쳤습니다.

또 다른 기적이 일어났습니다. 7년 동안 귀신에 사로잡혀 있던 한국외국어대학교 학생이 있었습니다. 그는 7년 동안 이불 속에 칼을 숨기고 있었습니다. 아버지 장로를 죽이겠다고 기회를 보던 중이었습니다. 그가 귀신으로부터 자유하게 되어 놓임을 받았습니다. 이런 사실을 고백하여 모두를 놀라게 하였습니다.

그 후에도 조 목사는 나를 종종 불렀습니다. 어느 날 나는 교회로 들어오다가 큰 개에게 물렸습니다. 큰 상처를 입었지만 그 상처를 손으로 불들고 집회를 인도하기도 하였습니다. 신기하게도 그때 그 깊은 상처에서는 더 이상 피가 흐르지 않았습니다.

나는 지하실에서 목회하던 조 목사에게 예언하였습니다.

"곧 교회를 옮길 것이라."

그러나 조 목사는 당시 경제적 상황이 매우 좋지 않아서 불가능하다고 생각했습니다. 그럼에도 아멘으로 순종하였습니다. 얼마 후 기적이 일어났습니다. 교회를 하나님이 기적으로 옮겨 주셨습니다.

제9편

기도원 경영의 원칙

"예수께서 이 열둘을 내보내시며 명하여 이르시되 이방인의 길로도 가지 말고 사마리아인의 고을에도 들어가지 말고 오히려 이스라엘 집의 잃어버린 양에게로 가라. 가면서 전파하여 말하되 천국이 가까이 왔다 하고 병든 자를 고치며 죽은 자를 살리며 나병환자를 깨끗하게 하며 귀신을 쫓아내되 너희가 거저 받았으니 거저 주라."(마 5:5-8)

나는 여기저기 다니면서 집회를 시작하였습니다. 기적과 이적이 많이 나타났습니다. 소문에 소문이 꼬리를 이었습니다. 사람들이 많이 몰려와서 나주에 기도원을 세우게 되었습니다. 본의 아니게 기도원을 경영하는 책임까지 맡아야 했습니다.

오직 두 말씀을 붙들었습니다.

> **"거저 받았으니 거저 주어라."** (마 10:8)
> **"새 계명을 너희에게 주노니 서로 사랑하라. 내가 너희를 사랑한 것같이 너희도 서로 사랑하라."** (요 13:34)

그래서 성좌산 기도원은 무료 급식을 합니다. 무료 숙식을 합니다.

> **"서로 사랑합시다."**

이 말이 노래가 되었습니다. 세계 각국에서 모여 들고 있습니다. 모든 것을 부족함 없이 하나님이 채워주시고 계십니다.

암 환자, 귀신 들린 자, 아픈 자들이 몰려와 고침을 받았습니다. 미자립 교회 목사님들과 탈진한 목사님들이 찾아와 안식을 얻고 있습니다. 선교사들이 귀국하여 편하게 머물고 있습니다.

기도원에 오시는 분들에게 식사 대접은 필수입니다. 지금까지 식사비를 받은 적이 없습니다. 밥을 팔지 않았습니다. 기도원 경영의 원칙이 있습니다.

기도원에 들어 온 것은 모두 선교비다.

성도들이 기도원에 올 때 과일, 채소 등 많은 것들을 가지고 왔습니다. 딸들이 조금 가지고 싶어 하였습니다. 그러나 나는 그것을 가지고 온 이들은 기도원에서 먹으라고 가지고 온 것임을 잘 알고 있기에 자녀들에게는 건드리지도 못하게 하였습니다.

내 방 서랍에 금목걸이, 금반지가 수북이 쌓여 있었습니다. 딸이 열어보더니 함성을 지르며 말했습니다.

“엄마! 나 이 반지 하나 가져도 되지?”

그의 손에는 이미 반지 하나가 들려져 있었습니다. 나는 그 반지를 도로 빼앗으면서 말했습니다.

“이것은 모두 건축 중에 있는 교회에 보낼 헌금이다.”

그리고 결코 주지 않았습니다.

이런 사건도 있었습니다. 집사님 한 분이 기도원 주변을 다니면서 고사리를 뜯어서 딸에게 준 것을 알게 되었습니다. 나는 딸에게 그것을 도로 가지고 오라고 하였습니다. 그리고 딸에게 엄하게 말했습니다.

"기도원 주변에 있는 것은 기도원에 오는 사람들이 먹어야지. 왜 네가 뜯어 가냐?"

나는 도로 빼앗아서 기도원 식당으로 가지고 갔습니다. 나의 기도원 경영 첫 원칙은 기도원에 들어 온 모든 것은 선교비로 여겼습니다. 사적으로 사용할 수 없는 하나님의 것임을 분명히 하였습니다.

오른손이 하는 일을 왼손이 모르게 하라.

나는 주고 또 주니까 하나님은 계속 줄 수 있게 하셨습니다. 하나님은 열심히 하려고 하는 자에게 할 수 있는 능력을 주십니다. 우리 기도원 역사상 밥값을 받은 때가 한 번도 없습니다. 그런데 하나님께서 모든 것을 채워주셨습니다.

어느 날 한 분이 쌀을 50가마를 가지고 오셨습니다. 직원이 나에게 와서 말했습니다.

"김 집사님이 쌀을 50가마나 가지고 오셨습니다."

나는 직원을 꾸짖었습니다.

"그렇게 말하면 안 되요. 하나님이 주셨다고 하면 되지 않아요? 사람 이름을 대면 그 사람 상급도 하늘에서 받을 수 없게 되지 않아요. 오른손이 하는 일을 왼손이 모르게 하여야 하늘의 상급이 쌓이는 것을 왜 모르오? 하나님도 높이고 그 사람도 상급이 하늘에 쌓이게 만들어야 하지 않아요."

누가 봉사하여도 하나님께 봉사하는 것입니다. 누가 무엇을 드려도 하나님만 알도록 드리게 하였습니다. 후에 하늘나라에서 상급을 받게 하여야 하기 때문입니다. 이것이 나이 경영 원칙 두 번째였습니다.

상담은 맞춤형으로 한다.

나의 기도원 경영 세 번째 원칙이 있습니다. 사람마다 얼굴이 다른 것처럼 성격도 다릅니다. 그래서 상담을 할 때에는 그 사람에게 적합한 맞춤형으로 하였습니다.

옷은 두 가지가 있습니다. 기성복이 있고 맞춤형이 있습니다. 나는 어떤 사람을 만나면 그 사람의 모든 것이 보입니다. 하나님이 보여 주시기 때문입니다.

바른 말을 하면 반항할 사람에게는 칭찬으로 시작하여 거부감이 일어나지 않게 충고합니다. 야단쳐도 될 만한 사람은 눈물이 쏙 빠지도록 혼냅니다. 사람마다 다른 맞춤형으로 상담을 하였습니다.

목사님 한 분이 목회가 되지 않고 고민스러워하면서 우리 기도원을 찾았습니다. 주님이 보여 주시는 것이 선명하였습니다. 어두움의 영이 그를 사로잡고 있었습니다. 나는 단도직입적으로 말했습니다.

"목사님은 개척하여도 양 떼가 따르지 않네요. 더 훈련받고 더 연단받아야 되요. 예수님을 일대일로 만나지 않으면 목회가 안 됩니다."

목사님은 약간은 당황스러워하며 물었습니다.

"그러면 어떻게 하여야 하나요?"

나는 확실하게 말해 주었습니다.

"말씀은 검이요, 말씀은 불이요, 말씀은 진리입니다. 성경을 붙들고 어두움의 영을 물리치고 목회하여야 합니다."

그래서 누가 나를 만나러 온다고 하면 주님께 그분의 상황을 물어 봅니다. 그러면 주님께서 오는 사람의 건강 상태, 재정 상황까지 알려 주십니다.

어떤 문제로 오는지까지 알려 주십니다. 성령은 깊은 것도 통찰하여 주시는 분이시기 때문입니다. 다 알고 기다리고 있다가 그분을 만납니다. 만나면 쓸 데 없는 말을 하지 않습니다. 꼭 필요한 말, 주님이 일러 주시는 말만 합니다. 상담은 항상 그분에게 맞는 방법, 언어를 택하였습니다.

사랑의 입맞춤

모 기도원 원장 아들 이야기입니다. 그는 모 그룹 회장 비서였습니다. 조직 폭력 거두입니다. 눈에 안 보이는 곳은 물론 손등,

얼굴 근처까지 온통 문신으로 가득한 사람이었습니다. 누구도 그 근처에는 가기를 두려워할 정도로 무서운 깡패 중에 깡패였습니다. 누구 말도 듣지 않는 이였습니다. 어머니가 그를 데리고 멀리서부터 성좌산 기도원으로 왔습니다. 나는 그의 볼을 쓰다듬어 주고 입을 맞추며 말했습니다.

"멀리까지 오느라고 수고하였소."

이 말이 끝나자마자 그는 내 앞에 무릎을 꿇었습니다. 그리고 눈물이라곤 조금도 보이지 않던 그가 펑펑 울기 시작하였습니다.

"삭개오야! 내려오라."

예수님이 이렇게 한마디 하신 것이 삭개오를 전혀 다른 사람으로 변화시켰습니다. 내 말 한마디에 그는 전혀 다른 사람으로 돌변하였습니다. 주님이 그렇게 하셨습니다.

모든 집회는 참석한다.

기도원이기에 강사를 많이 모시게 됩니다. 강사를 모시면 항상 집회에 꼭 참석하여 그분의 설교를 들었습니다. 이것이 강사에 대한 최고 대접이라는 사실을 잘 알기 때문입니다.

나는 내가 설교할 때 사람들이 맛있게 말씀을 먹기를 원하기에 강사들이 설교할 때 항상 경청했습니다. 맛있게 먹고 있음을 아멘으로 표시하기도 했습니다.

모든 사람에게 반말하지 않는다.

기도원을 경영하는 동안 우리 기도원을 찾는 모두에게 반말하지 않았습니다. 이것이 나의 기도원 경영 원칙입니다. 강사님들이 대체적으로 나보다 어리십니다. 그러나 나는 권사임을 잊지 않고 있습니다.

권사의 신분으로 목사님들을 주의 종으로 알고 섬겼습니다. 강사님이 어려도 한 번도 반말을 하지 않았습니다. 물론 우리 기도원 사역자들에게도 함부로 말하지 않았습니다. 찾아오시는 분들에게 정중하게 대합니다.

먹으면서 일 많이 하라.

나는 병 고침이나 특별 작정 외에는 금식을 권하지 않고 있습니다. 우리 기도원 사역자들에게도 금식을 권하지 않았습니다. 일해야 하기에 잘 먹고 일 많이 하라고 말하고 있습니다.

어느 날 주님이 내게 40일 금식기도를 명하셨습니다.

"오메, 오메 어찌고? 주님! 나 40일 금식기도 못 해요. 40일 금식기도를 하다가 나 죽으면 주님 영광 받지 못하세요."

그랬더니 주님은 30일로 감하여 주셨습니다. 밭일도 해야 하고 아이들도 학교 보내야 하는데 30일을 금식할 수 없었습니다. 그래서 못한다고 하였습니다. 다시 주님은 10일로 감하여 주셨습니다. 그렇지만 나는 농사도 지어야 하고 아이들도 키워야 하고 시어머니 밥도 해 드려야 했습니다. 도저히 10일 금식은 어려웠습니다. 그래서 또 못한다고 하였습니다. 주님은 크게 양보하여 주셨습니다.

"그러면 하루만 하거라."

하루는 넉넉히 할 수 있었습니다. 하루 금식기도를 하며 많은 은혜를 받았습니다. 그 후 금식기도에 대한 생각이 달라졌습니다. 우리 기도원 식구들이 금식하겠다고 하면 나는 말리게 되었습니다.

> **"금식하지 말고 먹으면서 일해라. 일꾼은 일해야 해. 일하려면 먹어야 힘이 난다. 이 다음에 주님은 우리에게 며칠 금식하였는지 묻지 않으신다. 그 금식이 나를 위한 금식이었었나?"**

어떤 이는 40일 금식기도를 마치고 명함이나 이력서에 써가지고 다니며 자랑하기도 합니다. 때로는 금식하며 영성을 기를 필요가 있습니다. 그러나 일꾼은 일하여야 하기에 먹어야 합니다.

스스로 원장이라고 말하지 않는다.

내가 원장이 된 것은 누가 시켜서 된 것이 아닙니다. 기도원을 세우다 보니 원장이 되었습니다. 그래서 원장이라는 말을 좀처럼 스스로 말하지 않는 것을 원칙으로 하였습니다.

나는 돈이 생기면 주기에 바빴습니다. 또 줄 사람부터 보였습니다. 내 옷 하나 살 줄 몰랐습니다. 항상 허름한 옷을 입고 살았습니다. 싸구려 옷만 골라서 샀습니다. 누가 보아도 시골 촌 여인같이 보였습니다. 사람들이 기도원에 찾아와서 나를 보고 묻습니다.

"원장님 만나러 왔습니다. 어디 계신가요?"

나는 항상 내 정체를 밝히지 않았습니다.

"말씀하시지요."

이렇게 말하면 눈치 빠른 사람은 빨리 알아보고 말합니다.

"원장님이군요."

그러나 보통 사람들은 몰라보고 또 묻습니다.

"원장님 어디 계세요."

그래서 신분을 밝히지 않고 말합니다.

"왜 왔는지 말해 보시지요."

나는 기도원을 세웠기에 사람들이 원장이라고 하여 원장이지 내 스스로 원장이라고 말해 보지 않았습니다.

나는 이런 원칙으로 기도원을 경영하여 왔습니다.

(1) 기도원에 들어 온 것은 모두 선교비다.

(2) 오른손이 하는 일을 왼손이 모르게 하라.

(3) 상담은 맞춤형으로 한다.

(4) 모든 집회에는 참석한다.

(5) 모든 사람에게 반말하지 않는다.

(6) 먹으면서 일 많이 하라.

(7) 스스로 원장이라고 말하지 않는다.

제10편

기도원 사역

“또 산에 오르사 자기가 원하는 자들을 부르시니 나아온지라. 이에 열둘을 세우셨으니 이는 자기와 함께 있게 하시고 또 보내사 전도도 하며 귀신을 내쫓는 권능도 가지게 하려 하심이러라.” (막 3:13-15)

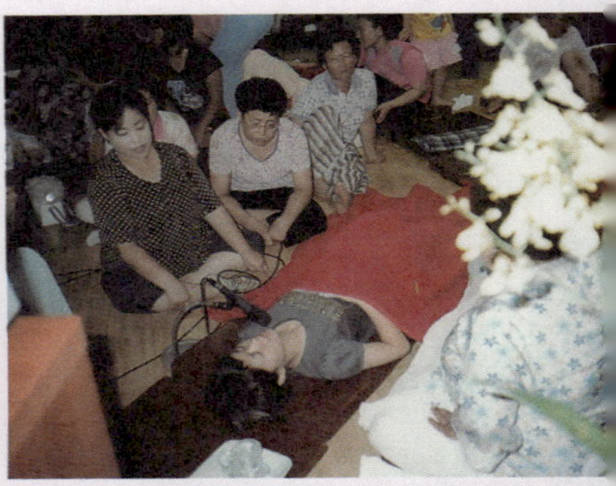

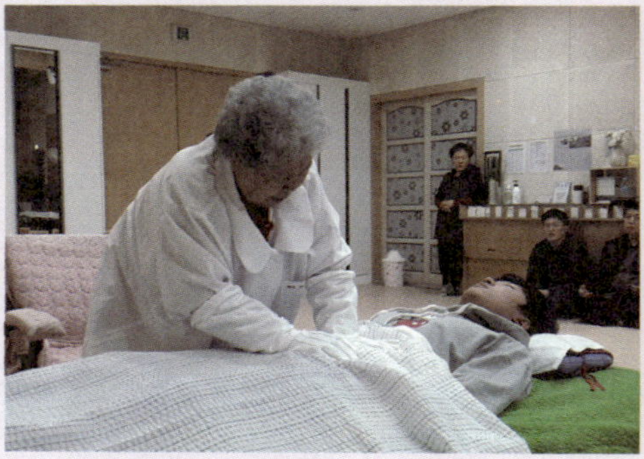

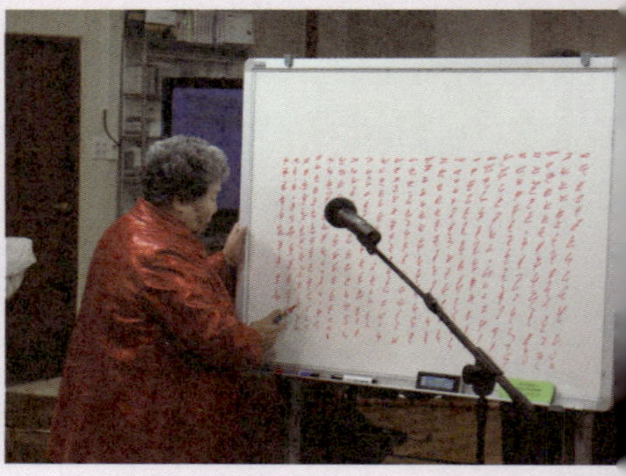

특이한 기도원

우리 성좌산 기도원은 특이한 기도원입니다. 나는 초등학교도 다니지 못하였습니다. 그럼에도 천국 대학은 수시로 드나들었습니다. 세상 학문은 공부하지 못하였습니다. 그러나 주님의 말씀은 항상 내 입을 통하여 흘러나가고 있습니다. 안 보이는 주님의 사역은 보이는 내 손으로 나타나고 있습니다. 그래서 성좌산 기도원 입구에 들어서면서부터 다른 곳에서는 맛볼 수 없는 특별한 영적 현상들을 체험하고 있습니다.

5만 볼트 전선 바로 밑에 있으면 전류가 흐르고 있음을 감지할 수 있습니다. 마찬가지로 우리 기도원 입구에 들어서면 특이한 현상을 느끼게 됩니다. 성령의 역사가 강렬한 곳이기 때문입니다. 많은 사람들이 우리 기도원 입구에 들어서면서부터 신체적인 이상을 감지합니다.

구토를 합니다.
갑자기 기침을 합니다.
집에서처럼 동일하게 먹었는데 엄청난 배변을 합니다.
방귀가 나옵니다.
때로는 출혈이 어느 부위에선가 나타납니다.
피부에 가려움증이 있습니다.
어지러워집니다.

간지러워집니다.

이런 것들은 모두 악령이 발악할 때 나타나는 현상들입니다. 귀신이 몸을 점령하고 있다가 성령에게 들볶이는 모습들입니다. 바람직한 과정들입니다.

나는 성좌산에서 다음과 같은 사역에 중점을 두고 있습니다.

음란의 영 추방 사역

내가 특히 중요하게 여기는 것이 있습니다. 음란의 영을 쫓아버리는 사역입니다. 음란의 영은 가정을 파괴시키는 주범입니다. 교회를 타락시키는 어두움의 영입니다. 사람을 더럽게 하는 악령입니다. 마지막 때는 돈과 음란의 바람이 태풍처럼 불어올 것입니다. 온 세상이 얼룩질 것입니다. 세상과 교회가 돈과 음란으로 비빔밥이 되어 분리시킬 수 없게 될 것입니다.

어느 날 나는 동네 남자들을 모아 놓고 물었습니다.

"어떤 여자를 사귈 때가 남자들은 기분이 가장 좋소?"
남자들은 서슴지 않고 대답하였습니다.

"유부녀와 관계할 때에는 금이고, 혼자 사는 여자와 관계할 때에는 은이고, 아내와 관계할 때에는 툭사발이지요."

툭사발은 전라도 사투리입니다. 뚝배기라는 말입니다. 감정이 별로라는 의미입니다. 이런 말을 듣고 나는 다시 물었습니다.

"왜 그렇소?"

"유부녀와 관계할 때에는 남편에게 들킬까봐 몰래 하는 것이 스릴이 있지요. 그래서 재미가 금 같아요. 그런데 혼자 사는 여자는 그렇고 그러니까 은입니다. 그러나 아내와 할 때에는 그냥 언제나 할 수 있으니까 뚝배기지요."

이 말을 듣고 다시 물었습니다.

"만일 당신에게 어려운 문제가 닥치면 금이 당신을 살려요? 은이 옆에 와 줘요? 툭사발이 끝까지 당신을 돌봐줘요?"

집에 있는 아내는 집안일을 하여야 합니다. 자녀를 길러야 합니다. 빨래를 해야 합니다. 밥을 지어 가족을 보살펴야 합니다. 정신없이 일하다 보면 화장할 시간이 없습니다. 또 가족들 보라고 화장할 필요도 없습니다. 그러나 금 같은 여자, 은 같은 여자는 남자들에게 잘 보이려고 화장을 합니다. 옷을 화려하게 차려입습니다. 남자들은 그런 것을 모릅니다.

나는 그들에게 단호하게 말했습니다.

"금은 잠깐이요. 금은은 당신을 유혹하여 있는 것을 다 빨아 먹고 사라져요. 그러나 툭사발은 당신이 죽게 되면 최선을 다하여 살리려고 발버둥쳐요. 금은은 다 빨아 먹고 빨아 먹을 것이 없으면 당신을 버려요. 상대해 주지 않아요. 그것도 모르고 툭사발을 버리고 금은을 따라다니는 남자는 참으로 어리석어요. 여자는 많아도 아내는 하나뿐이예요."

앞서 언급한 바와 같이 나는 기도원 사역 중에 음란의 영을 쫓아 버리는 사역을 중요하게 여깁니다. 그래야 가정과 교회가 살기 때문입니다. 바울이 에베소 교회에게 주신 말씀을 중요하게 여깁니다.

"음행과 온갖 더러운 것과 탐욕은 너희 중에서 그 이름조차도 부르지 말라. 이는 성도에게 마땅한 바니라. 누추함과 어리석은 말이나 희롱의 말이 마땅치 아니하니 오히려 감사하는 말을 하라. 너희도 정녕 이것을 알거니와 음행하는 자나 더러운 자나 탐하는 자 곧 우상 숭배자는 다 그리스도와 하나님의 나라에서 기업을 얻지 못하리니 누구든지 헛된 말로 너희를 속이지 못하게 하라 이로 말미암아 하나님의 진노가 불순종의 아들들에게 임하나니 그러므로 그들과 함께 하는 자가 되지 말라."(엡 5:3-7)

음란 신고식

나는 음란죄를 지극히 싫어하였습니다. 그래서 우리 기도원에 오는 남자들은 내 앞에서 독특하고 호된 신고식을 치루게 됩니다. 조용히 은밀하게 그러나 단호하게 사생활을 캐묻습니다.

"결혼하였나?"
"결혼 전에 다른 여자와 몇 번 관계하였는가?"
"결혼하고 다른 여자와 관계하였는가?"
"아내와 잠자리는 정상적인가?"

나도 하기 어려운 질문이지만 상대방 남자도 대답하기 힘듭니다. 그러나 단호하게 합니다. 거짓말하면 나는 금방 알 수 있습니다. 물론 정직하게 말해도 전혀 문제 되지 않게 합니다. 고백이 끝나면 자기 고추를 붙잡고 회개 기도하게 합니다. 그리고 음란의 영을 쫓아 버립니다.

고추 잡고 기도

교회 다니는 남자들도 아내 몰래 음란에 빠져 사는 이들이 부지기 수입니다. 나는 남자들을 음란에서 빠져나오게 하려고 진솔한 집회를 종종 하였습니다. 설교 전에 나는 여자들을 모두 뒤에 앉게 하였습니다. 그리고 남자들은 자기가 깔고 앉아 있는 방석을 손에 들고 앞으로 나오도록 하고 세웠습니다.

"이제 모두 자기 고추를 두 손으로 잡아라."

남자들은 처음 듣는 소리이기에 당황합니다. 여자들은 뒤에 앉아서 갑자기 초긴장합니다. 나는 소리를 지릅니다.

> **"왜 남자들은 이쁜 여자들만 보면 고추가 일어나요? 고추에 눈이 있소? 입이 있소? 고추 그것이 밥을 먹여 줘요? 돈을 벌어 줘요? 옷을 사줘요? 왜 고추 그것을 사용하는 데 돈을 많이 드려요?**
> **왜 그 작은 고추를 이기지 못하고 하라는 대로 해요?**
> **잘못 사용한 것 회개해요! 말 안 들으면 막대기로 때려요. 바늘로 찔러요.**
> **하나님! 이제 나 이것을 바로 사용하겠습니다. 이제부터 잘못 사용하면 뿌리째 뽑아 버리겠습니다.**
> **이렇게 고백하시오. 그 작은 것이 하라는 대로 하기에 얼마**

나 많은 여자들이 고통을 당하는지 알아야 해요. 얼마나 많은 가정들이 그 작은 것이 시키는 대로 하기에 깨지고 있는지 알아야 해요."

그러면 뒤에서 초긴장하고 있던 여자들이 데굴데굴 구르며 웃어 댑니다. 그러나 남자들은 회개의 눈물이 터집니다. 음란의 어두운 영이 사라지는 것을 모두가 체험하였습니다.

이렇게 음란의 영을 물리치는 데 전력을 다하였습니다. 그리고 가정을 바르게 세우는 계기가 되었습니다. 너무 깊은 음란의 영에 사로잡혀 있는 남자들은 금식을 시킵니다.

어떤 수도사가 한 여인을 사랑하게 되었습니다. 여인은 수도사가 자기를 사랑하는 것을 알았습니다. 어느 날 수도사가 동침을 요구하였습니다. 그 여인은 수도사를 죄짓게 하면 안 된다고 판단하였습니다. 그래서 이렇게 말했습니다.

"우리 3일 금식기도를 하고 만납시다."

수도사는 3일 금식하였습니다. 그리고 다시 만났습니다. 그러나 아직도 정욕이 살아 있는 것을 여인은 보았습니다.

"우리 3일만 더 금식기도를 합시다."

3일을 더 금식기도를 하였습니다. 수도사는 이제 음식 생각밖에 나지 않습니다.

여인은 수도사를 방으로 데리고 갔습니다. 한 편에는 침대가 있었습니다. 다른 한 편에는 음식이 있었습니다.

"수도사님! 어디로 갈가요?"

수도사는 잠시 머뭇거리더니 음식 쪽으로 갔습니다. 식사를 하고 수도사는 여인 앞에 무릎을 꿇고 말했습니다.

"음란을 이기는 방법을 알았습니다. 배고프면 됩니다."

금식기도는 음란을 쫓는 길입니다. 많은 남자들이 음란의 영을 버리고 기쁜 마음으로 우리 기도원에서 하산하였습니다.

음란 목사 부부

내가 알고 있는 사모는 자기 남편 목사의 음란 행위를 알고 있었습니다. 내게 은밀히 다 말해 주었습니다. 그리고 기도하여 달라고 남편을 데리고 우리 기도원에 왔습니다. 나는 사모에게 물었습니다.

"남편이 바람을 피우면 어떻게 할라요?"

아내가 대답하였습니다.

"교인들이 알면 안 되니까 비밀로 붙이고 쉬쉬 할 것입니다."

목사님에게 물었습니다.

"목사님은 만일 저 사모가 바람을 피우면 어떻게 할라요?"

목사님이 거침없이 말했습니다.

"당장 때려 죽일랍니다."

나는 목사님들 붙들고 기도하였습니다. 성령은 나에게 그 목사님의 음란 정황을 다 알려 주셨습니다. 사모가 말하지 않은 것도 다 말씀하여 주셨습니다. 나는 지혜롭게 주님께서 주시는 것을 모두 말했습니다. 목사님은 통곡을 하고 회개하였습니다. 그리고 새

목회가 시작되었습니다. 음란의 영과 영적 싸움은 나의 사역 중에 중요한 사역입니다.

병 치유 사역

내가 기도원에서 하는 사역 중에 중요한 사역은 치유 사역입니다. 영의 치유, 육의 치유 모두가 중요합니다. 전인 치유입니다. 특별히 의사가 포기한 병을 치유합니다. 내가 하는 것이 아니라 하나님께서 하시는 것이기에 믿고 합니다.

> **"믿는 자들에게는 이런 표적이 따르리니 곧 그들이 내 이름으로 귀신을 쫓아내며 새 방언을 말하며 뱀을 집어 올리며 무슨 독을 마실지라도 해를 받지 아니하며 병든 사람에게 손을 얹은즉 나으리라 하시더라."** (막 16:17-18)

이 말씀을 붙잡고 치유 사역을 하였습니다. 하나님께서 많은 기적을 보여 주셨습니다. 육신적인 치유를 원하는 이가 오게 되면 나는 셋으로 분류합니다.

1. 가지고 온 약을 버리고 치유에 임할 사람.
2. 증상이 있을 때에만 먹고 치유에 임할 사람.

3. 약을 먹으면서 치유에 임할 사람.

질병은 그 자체에 문제가 있지 않습니다. 대개 죄, 욕심, 무절제, 음란 그리고 어두움의 영 귀신에게 점령당한 것이 병입니다. 그래서 기도원에 오래 머물라고 충고합니다.

확실한 믿음이 있는 사람에게는 아무리 중요한 약이라도 끊으라고 말하고 치유를 시작합니다. 사람의 끝이 하나님의 시작이기 때문입니다. 우리는 동굴에 갇혀 있는 것이 아니라 터널을 통과하고 있음을 분명히 하면 병마는 묶음을 놓고 떠납니다. 기적이 일어납니다.

의사가 의학적으로 포기한 곳에서 하나님 치유의 역사가 시작되어 회복되는 장면을 수없이 보았습니다.

언어 사역

우리 기도원 사역 중에 빼놓을 수 없는 사역이 또 있습니다. 언어 사역입니다. 하나님은 말 잘하는 사람을 쓰시지 않고 잘 말하는 사람을 쓰십니다. 나는 기도원에 오는 이들이 입술의 말로 남에게 상처를 주지 않도록 언어 훈련을 시켰습니다.

칼로 난 상처는 금방 아물지만 입술로 난 상처는 오래 갑니다. 기도를 많이 하고 하나님과 가까운 사람은 결코 남에게 상처를 주지 않습니다. 평안함을 줍니다. 그래서 동굴 속에 숨어 수도를 많이 한 수도사들의 입에서 나오는 말들은 꿀과 같습니다.

하나님은 아니지만 하나님의 소리가 나옵니다.
예수님은 아니지만 예수님의 소리가 나옵니다.
성령님은 아니지만 성령님의 소리가 나옵니다.

기도를 많이 한 사람들에게 하나님은 보석과 같고, 꿀송이 같은 말씀을 주십니다. 그래서 그대로 입술로 나가면 사람들은 평안을 느끼고 포근한 마음을 가지게 됩니다.

그래서 잠언 말씀을 강조하며 사역합니다.

"사람은 그 입의 대답으로 말미암아 기쁨을 얻나니 때에 맞는 말이 얼마나 아름다운고." (잠 25:23)

"경우에 합당한 말은 아로새긴 은 쟁반에 금 사과니라. 슬기로운 자의 책망은 청종하는 귀에 금 고리와 정금 장식이니라." (잠 25:11-12)

우리 기도원 사역 중에 중요하게 여기는 것은 언어 사역입니다. 하나님으로부터 보석과 같은 말씀을 받고 흙과 같은 말이 나오게 하면 안 되기 때문입니다. 진주 같은 말을 하나님으로부터 받고 돌을 던지면 안 됩니다. 언어 훈련 사역도 내가 중점을 두는 우리 기도원의 중요 사역입니다.

생성의 기도 사역

나는 하나님으로부터 호된 기도 훈련을 받았습니다. 예수님을 영접한 후부터 장산도를 떠나기까지 새벽기도에 항상 1등으로 갔습니다. 그때 하나님께서 내게 주신 기도가 있습니다.

"생성의 기도"입니다. 성령의 지배를 온전히 받는 기도입니다. 내가 그 안에 그가 내 안에 들어와 합일되는 단계까지 가는 기도입니다. 내가 몸 안에 있었는지, 몸 밖에 있었는지 모를 정도로 바울과 같이 깊이 들어가는 기도입니다.

> "너희는 주께 받은 바 기름 부음이 너희 안에 거하나니 아무도 너희를 가르칠 필요가 없고 오직 그의 기름 부음이 모든 것을 너희에게 가르치며 또 참되고 거짓이 없으니 너희를 가르치신 그대로 주 안에 거하라." (요일 2:27)

우리에게 기름 부음이 있어야 합니다. 하나님의 기름 부음이 주어지면 누가 가르쳐 주지 않아도 기름 부음이 모든 것을 다 가르쳐주십니다. 가르쳐 주신 그대로 살면 됩니다. **하나님은 내게 이 말씀을 주시면서 나의 영성이 이렇게 형성된 것은 "생성 기도"라고 하셨습니다.** 내가 이 단계에 들어서니 하나님은 기름 부음으로 나에게 모든 것을 알려 주십니다. 그래서 나는 목사들에게 "생성 기도" 단계까지 가야 한다고 역설하고 있습니다.

이런 단계에 가려면 마음이 정결하고 깨끗하여야 합니다. 물이 맑으면 밑바닥이 보입니다. 탁한 물로는 물속을 볼 수 없습니다. 마음이 청결한 자가 하나님을 봅니다. 하나님은 나에게 "생성 기도"를 선물로 주셨습니다. "생성 기도"로 나는 평생 사역해 왔습니다.

태풍과 예언

위력적인 태풍이 북상 중이었습니다. 신안군 앞바다에서 고기 양식을 하는 신00 장로가 나에게 기도하여 달라고 부탁하였습니다. 기상청에서는 초긴장하라고 수시로 독려하고 있었습니다. 기도 중에 하나님이 알려 주셨습니다.

"걱정하지 마세요. 태풍이 무섭게 북상하고 있지만 우리나라에 오기 전에 가로 세로로 갈라져 바다 속으로 빠져 버릴 것입니다."

조금 후 그대로 되었습니다. 기상청은 예보가 빗나갔다고 국민들로부터 된 서리를 맞았습니다.

영계 보기

나는 생성 기도를 통하여 영계를 보게 되었습니다. 나는 자주 영육이 분리됩니다. 그리고 수시로 영계를 드나들었습니다. 그리고 직접 예수님과 대화를 나누곤 하였습니다. 영과 육이 분리되려고 하면 온 몸에서 힘이 쭉 빠져나갑니다. 나는 파김치가 됩니다. 내 몸이 빈 껍질이 된 듯이 느껴집니다. 이때 나는 주님과 이야기합니다. 내 옆에 모여 있는 이들이 다 듣습니다. 그것이 예언입니다. 주님의 소리입니다. 이것이 대언입니다. 이런 영계 보기가 수시로 이루어졌습니다. 그래서 하나님의 뜻을 정확하게 알게 합니다.

말할 수 없는 비밀

나는 영계를 수없이 드나들었습니다. 그래서 그 길이 익숙하게 되었습니다. 나는 하나님께서 나에게 주시려고 준비하신 상급이 어디에 있는지도 잘 알고 있습니다. 무슨 보화인지, 얼마나 되는지도 다 보여 주셨습니다.

사람들에게 말해도 믿어주지 않을 것 같았습니다. 말하면 광신자라고 비웃을 것 같기도 하였습니다. 그래서 그것만은 오늘까지도 나 혼자 간직하고 비밀로 하고 있습니다. 주님은 그 모든 것을 나에게 안겨줄 영광의 날이 올 것도 알려 주셨습니다. 나는 가슴 벅차게 그날을 기다리고 있습니다. 주님도 나에게 확실하게 말씀하여 주셨습니다.

> "사랑하는 딸아! 나는 너에게 이 모든 것을 모두 줄 날을 고대하고 있다."

주님께서 이 말씀을 하실 때 수많은 천사들이 나팔을 불며 환호성을 질렀습니다. 천상이 떠날 듯한 메아리였습니다. 이때 나는 부끄러워서 말했습니다.

"주님! 나는 아무 것도 아닙니다."

그 순간 강력한 성령의 바람이 내게로 불어왔습니다.

여기가 어디냐?

나는 영계를 많이 드나들다 보니 어디가 어디인지 분간이 되지 않을 때가 종종 있었습니다. 그래서 옆에 있는 사람에게 묻기도 하였습니다.

"여기가 천국이냐? 세상이냐?"

그리고 귀신이 내 눈에 보였습니다. 그래서 내 방에는 항상 막대기 5개가 놓여 있었습니다. 사람들이 나를 만나려고 내 방에 들어올 때가 많았습니다. 그때 귀신이 따라 들어오는 사람이 많았습니다. 그 귀신이 내 눈에 보였습니다. 나는 막대기를 가지고 그 귀신을 때려서 내쫓곤 하였습니다.

나의 영계 접촉 영성은 많은 사람들에게 전달되었습니다. 그래서 우리 기도원에서 기도하는 많은 이들이 영계 체험을 하게 되었습니다.

노희정 전도사는 150번 정도 천국을 보고 왔습니다. 그가 에스

더 기도운동 본부에 초청받아 간증하였습니다. 그 후 유튜브를 통하여 전 세계에 알려졌습니다. 여러 곳에서 간증하여 달라는 초청을 받고 있습니다. 그러나 워낙 신비스러워 이해 못하는 이들이 많아 신중을 기하고 있습니다.

김종원 목사도 마찬가지입니다. 김 목사는 목회가 안 되어 기진맥진하여 우리 기도원을 찾아왔습니다. 영적인 피곤은 육적인 병으로 발전되었습니다. 지친 영을 병든 몸이 끌고 성좌산 기도원으로 왔습니다. 2011년 11월 21일부터 기도하기 시작하였습니다. 3주간 작정 기도를 하였습니다. 기도 중에 갑자기 몸이 가벼워지는 것을 알았습니다. 바람을 타고 공중으로 치솟았습니다. 영화를 보는 듯 하였습니다. 천국과 지옥을 넘나들면서 다 보았습니다. 그 후 이런 체험은 수시로 일어났습니다.

이런 이야기는 수없이 많습니다. 나의 사역은 생성 기도를 통하여 영계 체험을 하는 것이었습니다. 미국 로스앤젤레스 한인 타운에서 등대교회를 담임하고 있는 이상남 목사가 우리 기도원을 방문하였습니다. 나와 잠깐 시간을 가졌습니다. 그는 나에 대하여 한마디로 표현하였습니다.

기인(奇人)

그러나 나는 내가 생각하여도 그런 기인은 아닙니다. 그저 주님이 이끄시는 대로 움직였을 뿐입니다.

흔들리지 않고 피는 꽃은 없습니다. 나는 기도원 생활을 하면서 많은 아픔을 겪었습니다. 파도가 없는 바다는 없습니다. 나는 장산도에서 늘 바다를 보며 살았습니다. 바람이 없는 산은 없습니다. 내가 사는 집 뒤는 산이었습니다. 비가 없으면 무지개도 뜨지 못합니다. 기도원에서 수많은 연단을 받아야 했습니다. 그래서 우리 기도원을 찾는 이들에게 하나님과 하나가 되게 하는 생성 기도 훈련을 시켰습니다. 이것은 우리 기도원의 중요한 사역으로 자리를 잡았습니다.

대언 사역

생성 기도는 대언 사역으로 나를 인도하였습니다. 대언 사역은 하나님이 내게 주신 영성의 최고 선물입니다. 18세기엔 임마뉴엘 스웨덴보르그(Emanuel Swedenborg) 영성가가 있었습니다. 수없이 영계를 드나들었습니다. 그리고 "나는 영계를 보고 왔다"라는 책을 썼습니다. 나는 그 이상으로 영계 체험을 많이 하였습니다. 그래서 내 사역의 중요한 핵심 중에 하나가 "대언"이 되었습니다.

나는 이를 "천국 방송"이라고 부르고 있습니다. 우리 기도원 사역 중에서 가장 중요한 사역입니다. 하나님은 자신이 하실 말씀을 누군가를 통하여 대신 말하게 하십니다. 예를 들어 봅니다.

히스기야 왕이 병들이었습니다. 그때에 하나님은 이사야 선지자를 통하여 하나님이 하실 말씀을 대언하게 하셨습니다.

> **"그 때에 히스기야가 병들어 죽게 되니 아모스의 아들 선지자 이사야가 나아가 그에게 이르되 여호와께서 이같이 말씀하시기를 너는 네 집에 유언하라. 네가 죽고 살지 못하리라 하셨나이다 하니."** (사 38:1)

하나님이 직접 히스기야에게 말씀하시지 않으셨습니다. 히스기야는 얼굴을 벽으로 향하고 하나님께 통곡하며 기도하였습니다. 또 하나님이 직접 말씀하시지 않고 이사야를 통하여 대언하게 하셨습니다.

> **"이에 여호와의 말씀이 이사야에게 임하여 이르시되 너는 가서 히스기야에게 이르기를 네 조상 다윗의 하나님 여호와께서 이같이 말씀하시기를 내가 네 기도를 들었고 네 눈물을 보았노라. 내가 네 수한에 십오 년을 더하고 너와 이 성을 앗수르 왕의 손에서 건져내겠고 내가 또 이 성을 보호하리라. 이는 여호와께로 말미암는 너를 위한 징조이니 곧 여호와께**

서 하신 말씀을 그가 이루신다는 증거이니라." (사 38:4-7)

이사야를 통해 말씀하신 하나님께서는 나에게 대언 사역을 맡기셨습니다. 대언은 대개 입신 상태에서 이루어집니다. 깊은 기도 중에 입신하여 영계에 들어가서 예수님을 만납니다. 그동안 육은 죽은 상태로 있습니다. 입술이 움직입니다. 그리고 주님이 주시는 말씀을 그대로 전합니다. 많은 이들이 옆에서 그 소리를 듣습니다. 천국 방송입니다. 생방송입니다. 내 목소리지만 그 안에는 주님의 음성이 들어 있습니다.

얼마 전에 하나님의 부르심을 받은 성도를 천국에서 만났습니다. 그 가족들이 입신되어 있는 내 곁에서 나를 지켜보고 있습니다. 먼저 가신 그 가족의 어른이 말합니다. 대언으로 나오는 소리입니다.

> "원장님 덕분에 이렇게 좋은 천국에 왔습니다. 행복합니다. 살아 있는 자녀들을 위하여 이곳에서 기도합니다. 만날 준비를 하고 있을 것입니다."

이런 대언으로 가족들은 새로운 힘을 얻게 되고 천국에 대한 소망을 진하게 가지게 되었습니다. 대언 사역은 우리에게 많은 유익을 주고 있습니다.

천국을 확실하게 알 수 있습니다.

성령의 역사를 체험하게 합니다.

영적으로 풀리면 육적인 문제는 스스로 풀어집니다.

살아계신 하나님을 만나게 됩니다.

얼굴에서 빛이 나게 되고 입술에서 미소가 떠나지 않게 됩니다.

예수님을 증거 하기가 쉬워집니다.

무질서하였던 생활이 단순화됩니다.

예수님을 위하여 물질을 사용하게 됩니다.

대언의 은사는 전파력이 강합니다.

대언의 은사를 받은 사람을 통하여 다른 사람이 이런 은사를 받게 됩니다. 그래서 우리 기도원에선 수많은 사람들이 대언자가 되는 역사가 일어났습니다. 대언자가 탄생하게 된 것입니다. 모두 입을 열면 예수님 자랑입니다. 모두 삶이 바뀌었습니다. 목사들은 여기저기 불려가는 부흥 강사가 되었습니다.

나는 수천 번 대언하였습니다. 나의 대언 사역 기록은 산더미와 같습니다. 그중에서 대표적인 대언 하나 소개합니다. 2017년 9월 6일에 대언한 말씀입니다. 좀 길지만 대표적인 대언이라 전문 그대로 소개해 봅니다.

제목 : 해의 영광 달의 영과 별의 영광을 가진자

교회가 아름답도다. 빛으로 가득 찬 예수의 영광이 뿜어져 나오며 피어져 나오며 향기 되어 날리고 있도다. 천군의 음악 소리를 들을지어다. 천군의 연주로 가득 차도다. 너희의 영혼은 해와 같이 빛나고 있단다. 나는 너희에게 빛으로 왔노라. 빛으로 빛으로 빛으로 지금 너희들 심령 심령을 다 비추어주고 있노라.

고요하기를 원한다. 너희 심중에 잠잠하기를 원한다. 천사들이 너희 심중을 천사들이 듣고 있는 봉으로 너희들의 마음을 가다듬고 있노라. 천상의 세계가 지금 이곳에 열렸도다. 은혜의 단비가 너희들 머리 위에서부터 쏟아지고 있노라. 잘 듣고 잘 새기고 잘 기록하여서 너희들 마음속에 중심 잡기를 원하노라.

이 세상은 풍랑에 풍랑으로 일어나는 돛단배로다. 어느 암초에 부서질지 예측할 수 없는 돛단배의 세계라. (울먹이며) 그 돛단배를 바라보는 내 딸은 날마다 눈물을 흘리고 있도다. 날마다 마음의 탄식으로 나에게 부르짖고 있도다. 아들들아, 내 아들들아, 내 촛대를 세운 내 아들들아! 너희들을 바라보며 최양자 저 딸은 나에게 탄식하며 중보기도를 이어가고 있도다.

이스라엘 백성들이 돌아오는 이 시대라. 내 종들아. 너희들도 이스라엘 민족과 같이 돌아오기를 원하노라. 십자가의 보혈이 흐르는 이 성전 안에서 너희들은 무엇하고 있느냐? (울먹이며) 너희들의 수고도 내가 받고 있으며 너희들의 두 무릎도 내가 보고 있도다.

(탄식의 눈물로) 종들아 오, 종들아 정직하여라. 정직하여라. 정직하여라. 동서남북이 바르듯이 너희들의 십자가, 직선과 수평의 십자가가 정직하기를 부탁한다. 부탁한다. 시대는 동서남북이 하나 되질 못하는 것을 너희들이 보지 않느냐? 남극에서부터 쏟아져 내려오는 그 냉각으로 말미암아 바다의 수위는 넘실거려 높아지고 있으며 언제 어느 때 쓰나미로 이 세계를 덮을지 모르는 이 시대가 되었지 않느냐?

그 쓰나미는 죄악이라. 그 쓰나미는 음란이라. 평행을 이루지 못하는 십자가는 음행이라. 내가 이제 이곳에 임재하여서 너희들에게 일러주고 너희들에게 열어주고 너희들에게 들려주는 모든 말씀 말씀들을 귀히 여기기를 원하노라. 나는 지금 불병거에 임재하였노라. 이곳에 내린 불병거에서 너희들을 감싸고 있노라. 어둠이 이곳을 덮지 아니하도록 불병거의 빛이 6000℃의 넘는 뜨거움으로 이곳에 가득하리라. 뿜어져 나오는 화산의 폭발과 같이 성령의 열기가 너희들의 심령 속에 이제 일어나리라. 보리라. 나타나리라. 종들아 내가 너희들에게 임한 여호와의 영광과 불길이 임하리라.

요한복음 13:5에서부터 대독할지어다.

요한복음 13:5-10

이에 대야에 물을 떠서 제자들의 발을 씻으시고 그 두르신 수건으로 닦기를 시작하여 시몬 베드로에게 이르시니 베드로가 이르되 주여 주께서 내 발을 씻으시나이까 예수께서 대답하여 이르시되 내가 하는 것을 네가 지금은 알지 못하나 이후에는 알리라 베드로가 이르되 내 발을 절대로 씻지 못하시리이다 예수께서 대답하시되 내가 너를 씻어 주지 아니하면 네가 나와 상관이 없느니라 시몬 베드로가 이르되 주여 내 발뿐 아니라 손과 머리도 씻어 주옵소서 예수께서 이르시되 이미 목욕한 자는 발밖에 씻을 필요가 없느니라 온 몸이 깨끗하니라... 너희가 깨끗하나 다는 아니니라 하시니

변개함이 없이 나를 사랑하는 내 딸을 보아라. 거짓이 없는 그 심중을 바라보아라. 예수의 지혜를 담은 그 아름다운 그 지식을 너희들이 듣고 있지 않느냐? 그 손은 빛이요, 그 발은 정금이 되었도다. 내 종들아 축복하고 또 축복하며 내가 너희들을 사랑하고 내 품에 안았노라. 두려워 말아라. 근심하지 말아라. 염려하지 말아라. 이 세 가지를 십자가에 못 박고 다시금 뽑아서 마음에 두지 말기를 원하노라.

하늘 문이 열렸으며 빛으로 가득하도다. 예수의 영광이 충만한 이 시간이라. 세계는 하나요, 하나는 말씀이라. 세계는 물이요, 물은 단비라. 하나하나 풀을 때에 너희들이 잘 듣고 새기거라.

동과 서의 피는 꽃은 백합이요, 남과 북의 피는 꽃은 매화라.
'아버지…….'
동과 서는 예수로 말미암아서 구원받을 것이며 남과 북은 환난의 바람이 일어날 것이다. 매화의 뜻을 너희들이 잘 새기거라. 환난과 비바람과 역경과 그 추운 난세에도 피는 꽃이라. 잠시의 환난이 있으면 영광도 있으리라.

바람에 나는 미세먼지에도 살이 썩고 뼈가 썩는 그러한 날들이 임박하였노라. 그것은 다 핵으로 말미암아서 독종이 임하리라. 땅은 지진 층으로 다 파괴되어서 언제 어느 시에 불길이 올라올지 모르는 임박한 이 시간들이라. 산천이 눈물을 흘리고 있도다. 산천이 눈물을 흘리고 있다는 것은 산소를 뿜어낼 수 없는 그러한 경각에 달한, 핵으로 말미암아 뿜어져 나오는 그 미세먼지로 원조 산천이 눈물을 흘리고 있도다. 땅이 황폐하여 탄식하고 있으며 모든 동식물은 광기로 말미암아서 날뛰고 날뛰고 날뛸 것이다. 너희들을 위협하는 것은 먼저 산천초목과 들짐승들로 말미암아서 인생들이 살 수 없는 그러한 시대가 되었노라.

사랑하는 종들아, 양들아 나는 불병거를 타고 있노라. 그 불병거의 줄은 하늘에 닿았고 그 불길은 땅을 태우고 있노라.
악을 태우고 있노라.
먼지를 태우고 있노라.
바람을 태우고 있노라.
이곳에 이곳에 이곳에 내가 임재하였노라.
내가 이제 이곳에 좌정하리라.
내가 이곳에 불꽃 같은 눈동자의 그 흐르는 눈물이 너희들의 생수가 될 것이며, 내 딸이 부르짖는 기도가 이 땅을 평온으로 덮어 가리라.

숨 쉴 때마다 말씀이요, 너희들에게 교훈할 때마다 계시록이 되어져 가리라.
너희들에게 희락을 펼칠 때마다 팔복이 임하리라. 너희들에게 훈계할 때마다 창세기의 축복이 임하리라. 이것이 영권이 더한 것이며 국권으로 홀의 영광이 이곳에 가득하리라. 국권의 홀은 영원 세계의 축복이라. 철장 권세의 녹임의 축복이라. 에덴의 영광이 가득한 이 빛 가운데 너희들이 나 예수의 말씀을 듣고 있노라.

기뻐하여라. 즐거워하여라.
너희들의 축복의 손을 펼칠지어다.
마음을 열었느냐? 내가 임재하리라.
귀를 열었느냐? 말씀을 주리라.
눈을 열었느냐? 천국을 보리라.

호흡하였느냐? 천국의 음성을 들으리라.
입을 열어라. 입을 열어라.
입을 열어라. 내가 너희들에게 만나를 먹여주리라.

자, 나와 함께 올라가자. 성좌산 성소교회의 등대의 불빛으로 이 어둠의 세계를 비추고 있는 곳이란다. 천사들이 노래를 하고 있으며 군악대는 연주하고 있도다. 사랑을 연주하고 있으며 소망을 노래하고 있도다. 믿음으로 그 빛을 비추고 있는 가운데 스랍 천사들과 올라가고 올라가고 올라가고 올라간다. 오! 할렐루야, 할렐루야, 할렐루야. 하늘의 천사들이 아름다운 찬양으로 하늘 문이 활짝 열리게 되었도다. 아름다운 은하계의 세계가 찬양으로 가득한 '그룹 그룹'들이 보이고 '그룹 그룹'이라는 것은 별들의 세계, 별들의 세계가 '그룹 그룹'이 찬양과 연주를 받으며 원장님과 예수님 그 아름다운 세계를 덮고 덮고 또 덮고……. 별의 별의 별의 세계를 너희들이 보고 있노라. 말씀으로 주노라.
요한삼서 1:2의 세계가 열렸도다.

요한3서 1:2-6
사랑하는 자여 네 영혼이 잘됨 같이 네가 범사에 잘되고 강건하기를 내가 간구하노라. 형제들이 와서 네게 있는 진리를 증언하되 네가 진리 안에서 행한다 하니 내가 심히 기뻐하노라. 내가 내 자녀들이 진리 안에서 행한다 함을 듣는 것보다

더 기쁜 일이 없도다. 사랑하는 자여 네가 무엇이든지 형제 곧 나그네 된 자들에게 행하는 것은 신실한 일이니 그들이 교회 앞에서 너의 사랑을 증언하였느니라. 네가 하나님께 합당하게 그들을 전송하면 좋으리로다.

대독하는 자야. 내가 너에게 축복하노라. 하늘의 지혜와 별들의 영광을 내가 너에게 심어주리라. 지금 이 세계는 별들의 영광이 가득한 세계라. 이 말씀이 지금 너희들에게 열려졌노라. 별들의 세계는 내 영혼들이 잘 됨의 축복을 내가 너희들에게 줄 것이며 강건한 뜻은 말씀으로 강건하여 세계를 향하여서 많은 형제들에게 나누어줄 것을 내가 너희들에게 원하여 축복하노라.

이 별들의 세계는 너희들에게 처음 보여주는 하늘의 세계라. 잠시 후면 이 별들이 전쟁을 일으키리라. 별들의 세계에서 시대를 열기 위해 나 예수가 왔노라. 이 뜻이 있노라. 아름다운 별들의 세계라. 세계 세계마다 영광과 존귀가 다르며 별들의 나라가……. (대언자에게 물 한 모금을 줌) 별들의 세계에서 스랍 천사들의 수장들을 다 세웠노라. 수많은 별들이라. 그 세계가 수천수만 세계라. 그 세계는 영원 세계를 '아버지…….' 영원 세계를 보좌하고 있는 별들의 천국이라.

지금 곳곳에 일어날 징조들에 관해 그 모든 함 속의 두루마리 책자를 다 열거 중에 있노라. '아버지…….' 잠시 후면 이 땅에 일어날 종말의 책자들을 이 별들의 세계에서 하나하나 다 열려지고 있노라. 별들의 세계에 올라올 영혼들의 이름들이 새겨져 있으며……. '오, 이 별들의 천국이…….' 별들의 세계의 빛은 아브라함이 바라본 세계와 같이 수만 세계라.

예수님! 왜 이 별들의 세계를 저에게 열어주시냐고 제가 스랍 천사에게 질문을 했는데 그 질문을 받은 스랍 천사가, 그 별들의 세계에 있는 스랍 천사들이 있는데요. 이 스랍 천사들의 옷은 다 보석으로 입은 스랍 천사의 옷인데요, 질문이 그 스랍 천사에게 올려지고 그 스랍 천사는 별들의 세계에 있는 군대 장관에게 올려지고 지금 그 질문 한마디가 얼마나 질서대로 올라가서…….

(감탄하고 있음) 할렐루야, 할렐루야, 할렐루야, 아멘 아멘 아멘. 날마다 날마다 날마다 '오, 아버지…….' 너희들이 보지 못한 별들의 천국을 보여주는 것은 내 작은 대언하는 딸 그 질문으로 인함이라. 이 세계는 질서의 세계라. 한마디 질문에 나 예수가 전해줄 수 있는 것은 질서대로 이루어지는 별들의 세계라.

군장이 말하노라. 스랍 군장이다. 이 땅의 남은 날은 너무도 촉박한 분초라. 이 별들의 세계에 내가 이 세계를 열지 아니하면 내가 이 땅의 남은 영혼들의 십일조를 생명으로 받지 못하는 그러한 긴박한 추수 때기에 내가 이 별들의 세계를 열어서 추수 때를 위하여서 준비된 무기들을 이 땅에 내려주기 위함이라.

악한 세력들은 모든 전쟁 무기를 북한 핵에다가 다 치중하였노라. 사랑하는 종들아. 이 긴박한 때 이 열려진 세계를 너희들이 잘 보고 의심하지 말지어다.

어찌하여 너희들이 이 별들의 세계까지 열리는 이 시간 너희들이 앉아 있느냐? 너희들이 복된 자라. 너희들이 축복권 자라. 너희들이 전쟁 무기를 받을 자라. 무기는 능력이라. 너희들이 '별들의 전쟁, 별들의 전쟁'에 관하여 듣지 아니하였느냐? 그것이 다 헛된 말이 아니요, 헛된 뜻이 아니라. 나 예수는 말하노라. 이 천국은 별들의 세계가 있으며 별들의 세계에서 (주어질 것을) 받을 선지자를 통하여서 내려올 능력들 그 무기들을 내가 다 봉하였었노라. 이제 그것을 내 딸이 기도로 열고 있노라.

두려워하여라. 이 시간 더욱더 고요하여라. 잠잠하여라. 이 별들의 세계에는 아름답고 또 아름답도다. 수정 천국과 같이 아름다운 천국이라. 이 아름다운 천국은 불병거 없이는 올라올 수 없는 세계라. 뜻이 넓고 뜻이 깊어서 너희들에게 일러줄 수 없도다. 어리석은 자들이 듣고 어리석은 지혜를 가지고 함부로 그 뜻을 풀까 내가 봉하였노라. 여기에 두루마리 한 책자가 열렸노라. 별들이 쏟아질 때에 전쟁은 시작될 것이며 이 두루마리의 능력은 그 때에 세마포의 옷자락에 담아서 다 덮을 것이다. 악을 덮을 것이며, 악을 덮는다는 것은 이 별들의 세계에서 받은 두루마리의 책자는 불이라. 불이라. 이 불이 악을 이겨낼 것이다. 악을 태우는 불이며 핵을 날려 버리는 불이며 모든 전염병 균을 태우는 불이라. 이 세 가지의 능력을 내 딸이 지금 받고 있도다.

모든 스랍 천사들이 다 무기를 들고 이 별들의 세계에 아주 충만한데요. 처음 보는 스랍 천사들의 옷이 다 불처럼 뜨거워요. 그 열기로 가득한 이 별의 천국인데요, 그 천국이고, 어떻게 표현을 못 하는 그러한 세계라…….

내 딸 선지자는 불이라. 불이라. 불이라. 이곳에서 둘러싸인 천체에 빛나는 수많은 별들로 말미암아서 너희들은 지금 보호를 받고 있으며 별의 세계에서 지금 모든 이 땅에 일어날 전쟁 준비로 말미암아서 빛나는 영광으로 가득한 면류관을 쓰고 있도다.

내가 들고 있는 홀은 철갑이요, 철갑에 두른 능력의 불길은 이제 타오르고 있도다. 전쟁터에 나아갈 모든 별들의 군장들은 준비되어 있도다. 이곳에 이 별의 나라에서 나팔이 울려 퍼지고 있노라. 불의 나팔이 울려 퍼지고 있노라. 불의 노래가 시작되고 있노라. 이사야 선지자의 말씀들 말씀들이 이 천상 세계 별의 세계에서 다 펼쳐진 날이라. 지금 이 시간에

66장의 이사야의 말씀이 펼쳐졌노라.

50장 9절서부터 대독할지어다.

이사야 50:9-51:3

보라. 주 여호와께서 나를 도우시리니 나를 정죄할 자 누구냐. 보라. 그들은 다 옷과 같이 해어지며 좀이 그들을 먹으리라. 너희 중에 여호와를 경외하며 그의 종의 목소리를 청종하는 자가 누구냐. 흑암 중에 행하여 빛이 없는 자라도 여호와의 이름을 의뢰하며 자기 하나님께 의지할지어다. 보라 불을 피우고 횃불을 둘러 띤 자여 너희가 다 너희의 불꽃 가운데로 걸어가며 너희가 피운 횃불 가운데로 걸어갈지어다. 너희가 내 손에서 얻을 것이 이것이라. 너희가 고통이 있는 곳에 누우리라. 의를 따르며 여호와를 찾아 구하는 너희는 내게 들을지어다. 너희를 떠낸 반석과 너희를 파낸 우묵한 구덩이를 생각하여 보라. 너희의 조상 아브라함과 너희를 낳은 사라를 생각하여 보라. 아브라함이 혼자 있을 때에 내가 그를 부르고 그에게 복을 주어 창성하게 하였느니라. 나 여호와가 시온의 모든 황폐한 곳들을 위로하여 그 사막을 에덴 같게, 그 광야를 여호와의 동산 같게 하였나니 그 가운데에 기뻐함과 즐거워함과 감사함과 창화하는 소리가 있으리라.

말씀을 잘 들어라. 이 별의 세계에 대해서 어려워하지 말아

라. 다 풀어주리라. 듣기만 하여라. 새기기만 하여라. 너희들은 누리기만 하여라. 이제 내가 그 모든 창화한 땅을 너희들에게 펼쳐주리라. 이 별들의 세계를 열어 줄 수 있다는 것이 얼마나 축복이냐.

아름답도다. 아름답도다. 내 딸이여!
슬기롭고 지혜롭도다. 내 딸이여!
순결하고 정결하도다. 내 딸이여!

나의 입김이 하늘 보좌를 움직였으며 별들의 세계의 축복과 수정 천국의 축복과 깊고 높은 해의 영광과 별의 영광을 이제 다 너희에게 주리라. 별들의 세계를 바라보아라. 별들의 세계에 있는 그 모든 스랍 천사들이 찬양하며 있도다. 종들아 들어라. 창화한 찬송을 들을지어다. 이것이 영광이지 않느냐? 너희들이 이 세계를 볼 수 있으며 들을 수 있기를 원하노라. 이제 별들의 세계에서 홀을 가진 자는 내 말을 선포하게 되니라. 그 홀은 '전쟁은 여호와의 것이라' 그 홀을 받았노라. 세계의 전쟁에서 구원받은 생명의 홀이라. 종들아! 이 별들의 세계를 창화하여라. 아름다운 가락이 울려 퍼지며 다윗이 탄 수금처럼 나에게 영광을 돌리기를 원하노라.

모든 스랍 천사들이 그 수금을 타면서 '거룩 거룩', '거룩 거룩' 찬양으로 호흡을 함께 하고 있도다. 아름다운 잔치를 여러분들에게 알려줄 수가 없도다. 너무도 웅장하고 이 땅에서 보지 못하는 잔치기 때문에……. 너희들이 혼인 잔치에 임할 때에 비슷한 영광을 너희들이 보리라. 이 영광은 영원 세계가 열릴 때에 너희가 영광을 보리라.

날마다 날마다 너희들에게 일러주는 말들이 열릴 것이며 별의 천국의 말씀들이 너희들에게 풀어질 것이며 이제는 어찌해야 호흡이 나와 함께하는지를 내가 하나하나 너희들에게 알려주리라. 내 딸의 사역이 이제는 입술을 열 때에는 그 말들이 다를 것이며 희락이 펼쳐지는 잔치 자리에 내 딸의 사역이 다를 것이며 너희들에게 교훈하고 지시할 때에 그 모든 역사들이 다 다르게 나타나리라. 보리라.

첫째 별들의 영광은 화성이라.
둘째 별들의 영광은 금성이라.
셋째 별들의 영광은 목성이라.
더 크고 놀라운 비밀이 열릴 때에는 그것은 토성이라. 그 모든 별들이 가지고 있는 영광들이 다를 것이며 그 영광들을 다 풀어내어 나에게 영광이 되게 하리라.

이제 그 별들의 영광들이 다 열릴 것이다. 별들의 세계가 열릴 것이다. 별들의 전쟁이 일어날 때에 그 영광들을 덮기 위하여서 지금 이 높고 높은 별들의 세계에서 잔치를 받았으며 그 잔치의 영광을 여호와 보좌로 올려 드리고 있도다.

그 두 손과 두 발은 별들의 세계에서 받은 불이라. 그 불로 숨 쉴 것이며 불로 호흡할 것이며 불로 너희들에게 임할 것이며 불로 모든 세계를 태울 것이며 불로 이곳에 임하여서 건축이 시작될 것이며 제 1성전의 영광을 내가 받을 것이며 제 2성전의 별의 영광을 받을 것이며 제 3성전의 영광을, 세계를 펼쳐주리라.

별들의 영광이 너희들에게 귀로 들어갈 것이다.
별들의 영광이 너희들의 눈으로 말미암아서 이 세계를 바라볼 것이다.
철갑 두른 그 모든 휘장으로 말미암아서 너희들의 두려움과 근심과 염려에 쌓였던 그 모든 결박을 내가 지금 풀어주노라.
너희들이 지고 있는 멍에를 꺾어주노라.
죄악의 사슬이 풀렸노라.
너희들의 목이 열렸노라.

전 세계에서 일어나는 화산 폭발을 바라보아라. 또한 너희들이 숨 쉬는 곳의 전쟁을 약하게 약하게 하리라. 크고 놀라운 천재지변도 약하게 약하게 약하게 다 약하게 만들고 있노라. 철갑의 홀의 능력이라. 지진 층이 다 파괴되어서 우리들이 설 수 없는데 그것을 다 조각조각 조각조각을 지금 다 정돈하고 있도다.

천사들이. 이 별들의 세계에 있는 스랍 천사들이 그 조각조각 금간 것들을 다 이렇게 이렇게 하나하나 하나, 하나하나가 한 나라에요. 한 나라 한 나라 한 나라를 그 지층 판을 다 정돈하고 있어요. 각 나라 나라의 땅들을 다 금간 땅들을 하나하나 맞춰가고 있어요. 맞춰주고 있어요.

종들아. 너희들이 이것을 듣고 마음에 새겨서 천국 보기를 원하노라. 내가 너희들에게 천국 문을 열어서 보이게 하리라.

이 모든 땅들의 전쟁은 시작부터 별들의 전쟁이 일어날 것이다. 모든 세계에 머리든 수장들의 전쟁이라. 그것이 별들의 전쟁이요, 그 전쟁에서 구원받을 생명들을 위해 모든 함을 열었노라. '아버지 너무도 놀라운 세계를 이 딸이 보고 있는데 아버지여 다 전할 수 있도록 입술을 열어주시옵소서.'

어찌하여 심장에 칼을 대었느냐? 그 칼 댄 자는 설 수 없는 두 다리에 힘을 잃어가리라. 마음을 아프게 하고 비판하고 정죄한 자들에게는 육신을 쓸 수 없도록 전염병이 임하리라. 그러나 회개하는 자에게는 나 예수가 용서함을 입도록 하리라.

어찌하여 그 사랑의 옷자락을 너희들이 말로 배웠느냐?
어찌하여 너희들이 지식으로 그 옷을 찢었느냐?
그 마음에 오장육부를 다 숨 쉬지 못하도록 조였느냐?
그러한 종들에게 그러한 양들에게 내가 보응하리라.

사랑하는 종들아. 경각심을 가지고 들을지어다. 너희들은 사랑의 옷을 입어라. 숨 쉬는 숨결이 사랑이 되게 하라. 이 별들의 세계를 정복하고 수정 천국을 사모하고 열두 진주 문에 들어오길 원하노라. 그런 자들에게 내가 이곳 성좌산 기도원에서 팔복의 은혜를 이곳에 쏟을 것이며, 십계명의 법도를 내가 종들에게 들어갈 수 있도록 능력을, 권세를 하늘의 영광을 너희들 머리 위에 다 부어주리라.

내 딸은 언제나 내 안에 있길 원하며, 나 또한 그 안에 들어가 그와 더불어 먹고 살고 있노라. 내 딸의 사역을 귀하게 여겨라. 못 배웠다고, 모른다고, 무시하지 않기를 원하노라. 사람은 외모를 보지만 나 여호와는 중심을 보느니라. 함부로 대하지 않기를 원하노라. 존중히 여기며 귀하게 여겨주기를 당부하노라. 나의 일을 하는 특별히 뽑힘을 받은 일꾼이니라.

너희들을 볼 때 나는 눈물을 흘리고 있도다.
나는 사랑이라. 나 예수는 자비라.
내가 어찌 너희들에게 진노의 잔을 쏟을 수 있겠느냐?
나의 아픈 마음을 헤아리기를 원하노라.

종들아! 사랑하는 종들아. 너희들이 나 예수를 믿느냐? 믿으면 내 딸을 신뢰하라. 그 속에 내가 있고 나 예수 속에 내 딸이 있도다. 함부로 말하지 말며 너희들의 입술을 거룩히 하여서 내 딸을 존중하는 마음으로 한 말씀 한 말씀에 아멘으로 아멘으로 화답하기를 원하노라. 경히 대답하지 말아라. 경히 섬기지 말아라.

종들아! 여종들아! 너희들은 다 잘 섬기고 있노라. 내가 더 겸손히 섬기기를 부탁하노라. 내 딸은 이 별들의 세계를 이미 경험한 자이니라. 자, 내가 별들의 세계에서 너희들에게 축복하노라. 무엇을 내가 아끼겠느냐? 철갑의 홀에서 '겸손의 보석'을 너희들에게 주노라. (대언자에게 물 한 모금을 줌. "감사하다.")

첫째 하늘의 문이 열렸도다. 둘째 하늘의 문이 열렸으며, 셋째 하늘의 문이 열렸으며 일곱 별이 있는 천국의 세계가 열렸도다. 천국이 얼마나 넓고 아름다운지 아느냐? 모든 세계가 그 빛이 다 다르도다. 그런 세계를 너희들이 여행할 때에 얼마나 즐겁겠느냐? 얼마나 기쁘겠느냐? 너희들을 다 수종드는 천사들이 있으며 스랍 천사들이 있으며 직급대로 질서대로 다 그 표 받은 그 증표를 너희들이 다 활용할 수 있는 세계라.

이 땅에 아무리 궁전이 백악관이 크다 해도 너희들이 받은 집 한 채는 말할 수 없는 아주 웅장한 그러한 궁전이라. 너희들의 문패는 고작 대문 앞에 붙여진 손바닥 만한 것이지만, 천국에 문패는 너희들이 가늠할 수 없수 만큼 크다는 것을 알아야 하느니라. 그런데 이 천국 세계는 얼마나 크겠느냐? 아무리 대언자가 말을 하여도 너희들이 그 세계를 인정하겠느냐? 문패가 그렇게 크도다. 너희들이 만들어놓고 지어 놓은 정원은 얼마나 크고 넓은지 아느냐?

보화산은 또 얼마나 크겠느냐? 너희들이 나에게 바친 그 모든 헌금과 헌물들로 지어진 보석의 집들이라. 궁전들이라. 너희들이 백 원을 심으면 천억이라고 말하지 않았느냐? 천억의 보석으로 집을 짓고 있으며 너희들의 그 모든 것들로 내가 다 천사들을 통하여서 집을 짓고 있고, 바다를 넓혀가고 있고, 호수를 넓혀가고 있고, 꽃들이 심어지고 있고, 아름다운 모든 장식들이 다 꾸며지고 있노라.

오늘 이 별들의 세계에서 보여주고 들려줄 것도 많은데 어찌하여……. 이 호수는 향기가 아름다우며 잔잔한 찬양으로 흐르고 있도다. 내 입에서 뿜어져 나오는 열기는 핵 전쟁의 독을 덮을 것이며 그 독을 덮으면 너희들이 숨 쉴 것이다.

이제 이 나라는 거짓 영들로 말미암아서 진실이 없도다. 사랑하는 자들아.
너희들이 다투고 다툴 때에 악령이 임할 것이다. 너희들이 거짓으로 꾸며서 말할 때에 천국의 집이 다 무너지도다. 분내고 혈기를 낼 때에 지옥문이 활짝 열려 너희들을 끌고 갈 악한 영들의 갈고리가 너희들을 얽어맬 것이다. 사랑하여라.

배려하여라. 준비하여라.

사랑의 문이 활짝 열렸도다. 이곳은 분냄도 시기도 질투도 다 사라질 것이다. 종들아, 양들아 염려하지 말아라. 너희들이 분을 내어도 내가 자비로 덮을 것이며 너희들이 분쟁을 하여도 내가 사랑으로 덮을 것이다. 별의 세계에서는 철갑의 옷을 둘렀으며, 그러므로 미움이 사라질 것이다.

나의 영권, 국권과 정권은 별의 영광으로 말미암아서 찬란하게 찬란하게 빛날 것이다. 너희들의 영혼들을 다 내가 보호할 것이며 내가 지킬 것이며 이 성좌산 기도원에서 더욱더 깊게 넓게 길게 말씀을 펼쳐주리라. 그 말씀 속에 너희들이 설 것이며 그 말씀들에 자손들이 천대까지 복을 받을 것이며 그 말씀으로 말미암아서 모든 전쟁을 다 축소시키리라. 이제 세계는 전쟁이라. 별들의 전쟁이 이미 나팔을 불었으며 이제 그 불길들로 말미암아서 모든 천군과 천사들이 불마차를 타고 공중을 순회하리라. 그러하지 않으면 악의 영들과 대치하여 싸울 수가 없노라. 이제 공중 전쟁이 불병거를 탄 모든 천군들과 철갑을 두른 천사들이 다 타고 순회하고 있노라. 나라마다 나라마다 불병거가 다 공중에 임재하였노라. 이제 아버지의 영광이 이 나주 땅 호남 땅을 덮으리라.

도성으로 올라오너라. 도성으로 올라오너라.
도성으로 모여라. 도성으로 모여라. 모여라.

함성을 질러라. 여리고가 무너지리라.

너희들은 함성을 질러라. 여리고가 무너지리라.

죄악의 도성이 무너지리라.

저주의 도성이 무너지리라.

우상의 도성이 무너지리라.

너희들은 승리라. 승리라. 승리라.

횃불이 타오르고 있도다.

별들의 전쟁을 두려워하지 말아라.

근심하지 말아라. 염려하지 말아라.

오히려 기뻐하고 즐거워하여라.

소망을 가져라. 내가 다 승리케 하리라.

나 여호와라. 전쟁은 여호와께 있노라. 말씀을 주노라. 요한복음 3:16의 말씀이 너희들의 것이라. 너희들 자손들의 것이라. 전하여라. 이 말씀을 전하여라. 요한복음 3:16을 전하여라.

다른 것 전하지 말고 요한복음 3:16절을 전하여라

그것이 축복이요, 그것이 별들의 흐르는 축복이라.

이제는 피의 전쟁이요, 이제는 모든 몸들이 썩어지는 전쟁이라.

뼈까지 썩어지는 전쟁이 이 땅을 덮으리라.

곳곳에 이제는 화산이 폭발하여서 아름다운 산천들이 눈물을 흘리며 녹아지고 없어지리라.

이제는 바닷물이 먹물이라.

먹물은 먹을 수가 없노라.
이제는 지하수도 다 독으로 말미암아서 마실 수가 없노라.
너희들이 산소도 공급받을 수 없어서 헐떡이리라.
지금 이 순간을 즐거워하고 기뻐하여라.
미움은 독이라. 혈기는 악이라.
잘 기록하여라. 근심은 전쟁이라.
염려는 썩어지는 부패라.
시기는 눈이 썩어지며 질투는 호흡이 없어지며 음란은 불못이라.
너희들이 지금 다 불못에 걸어가고 있도다. 사기는 도둑이요, 그것은 칼이라.
새겼느냐? 마음에 새기기를 원하노라.

내 딸을 보아라. 내 딸은 순결하도다. 바라볼 때에 너희들이 순결이 임할 것이며 너희들이 섬길 때에 정결이 임할 것이며 너희들이 존중히 여길 때에 하늘의 축복이 임하리라. 그것은 정권이라. 너희들에게 정권을 주노라. 미워하지 말고 슬퍼하지 말고 두려워하지 말고 염려하지 말고 질투하지 말고 시기하지 말지어다. 이것은 다 자살 행위라.

부부지간에 화목하여라.
화목하지 못한 자들은 이 세상과 이별할 때에 지옥이라.
머리 된 자들이 남편들이라.
남편들아. 아내를 사랑하여라.

뼈 중의 뼈요, 살 중의 살이라.
함부로 아내를 휘두르지 말지어다.
지금서부터 잘 듣기를 원하노라.
그러지 아니하면 너희들이 썩어질 것이며 너희들의 그 입술에서 나오는 독으로 말미암아서 자손들이 다 멸망하리라.

이제 별들의 축복을 받은 자들은 즉시즉시 그 모든 말들에 대해서 책임을 지기를 원하노라. 그러지 않으면 저주가 임하는 처참한 벌을 받을 것이다.
화목하지 못한 부부들아.
내 딸에게 교훈을 받을지어다.
자손들이 잘 될 것이다.
너희들이 죄로 말미암아서 모든 나라들마다 음행하지 않았느냐?
음란하지 아니하였느냐?
이제는 음란의 옷을 다 입은 종들로 말미암아서 십자가의 불빛이 어두워졌으며 물질로 명예로 권력으로 말미암아서 말씀이 부패되었도다.
어찌하여 너희들이 이 말씀이 부패 된 것을 먹을 수 있으며 어두운 불빛을 너희들이 바라볼 수 있겠느냐?
다 어두워진 영혼들이라.
부패 된 영혼들이라. 어찌하여 너희들이 살 수 있겠느냐?
선지자를 바라보아라.
선지자의 교훈을 받는 자들이 축복이라.

이래도 너희들이 전하지 아니하고 무엇을 하고 있느냐? 그들이 오지 않는다고 전하는 입술마저 너희들이 닫고 있느냐?

전하면 내가 역사하리라.

천사들이 수종들리라.

그리하여서 이곳으로 다 달려오리라.

너희들의 입술은 다 확성기라.

약하게 전하여도 확성기라. 전하고 또 전하고 또 전하는 그러한 전파가 일어나리라.

사랑하는 종들아. 너희들에게 일러줄 모든 말씀들이 곳곳에서 펼쳐지고 있는데 다 일러줄 수 없는 그러한 필름들이 지금 다 지나가고 있도다. 요한계시록 3:16, 5:19, 21:20을 빨리빨리 대독할지어다. 너희들의 영혼 속에 침투하는 말씀들이라.

요한계시록 21:20을 대독하라.

요한계시록 21:20

다섯째는 홍마노요 여섯째는 홍보석이요 일곱째는 황옥이요 여덟째는 녹옥이요 아홉째는 담황옥이요 열째는 비취옥이요 열한째는 청옥이요 열두째는 자수정이라.

사랑하는 종들아. 내가 너희들에게 이 모든 보석을 눈에 심어주고 코에 심어주고 귀에 심어주고 입에 심어주고 심장에 심어주고 췌장에 심어주고 십이지장에 심어주며 너희들 폐 속에 들어가리라.
이것이 부패를 막은 보석들이라.
십자가의 불빛을 밝힐 것이다.
양들아. 너희들에게 수정 보석을 주노라.
이 수정 보석은 자손들이 잘 될 수 있도록 생명수가 흐르는 수정 보석이라.
급하도다. 내 딸 귀를 보아라.
그 귓속에는 하늘의 보석이 다 담겨져서 너희들이 다 말씀 말씀들을 듣고 사랑으로 승화시키고 있도다.

호흡할 때마다 너희들과 함께 호흡하여서 너희들이 기도하지 않아도 내 딸이 중보기도의 호흡함으로 말미암아서 하늘 보좌에 그 모든 기도가 올려져 너희들 심령 속에, 가정 속에, 자손 속에 다 응답하고 있노라. 그리하여 너희들이 받고 있는 것이 물질의 축복이라. 이 세상에서 살아가기 위해 너희들이 가져야 할 물질이라. 그래서 내 딸이 먼저 너희들에게 물질을 풀어주길 나에게 간구하고 있노라. 그 후에는 너희들에게 정권을 풀어줄 것이다. 너희들에게 국권을 풀어줄 것이다. 그것은 하늘나라에서 고을을 다스리는 축복 권세요, 하늘 영광이라. 별의 영광을 사모해라. 별의 세계를 내가 이제 풀어주었노라. 열어주었노라. 이제 그 별의 세계에서 이 땅에 일어날 전쟁들을 축소시키리라.

지금 너희들에게 기쁨을 주리라. 놀라운 영권과 놀라운 역사의 장을 펼치리라. 준비된 자들은 다 이 영광이 임하리라. 나라가 무너지며 없어질 것이며 수장들이 사라질 것이며 이 땅의 전쟁 무기들이 제 기능을 펼치지 못하도록 내 딸의 중보기도로 말미암아 축소, 축소, 축소, 축소 아주 축소되리라. 그러지 않으면 너희들이 살아갈 수 없으며 숨 쉴 수 없으며 복음을 들고 나아갈 수가 없노라. 그러한 세계에 내 딸이 지금 중보기도로 살아가고 있노라. 이 별 세계의 영광을 받으라. 별의 세계에서 흐르는 보혈과 불길이 이제 이 땅을 덮었노라. 나주 땅을 덮었노라. 에너지가 있는 이 나주의 경제라. 에너지 경제라. 에너지 경제가 세계를 덮으리라. 나주 땅이 에너지의 발산지가 되었노라.

이 성좌산 기도원을 통해 나주가 축복의 장소가 될 것이다. 이 기도원이 세워질 때에 이미 계획한 것이라. 나 예수가 계획한 곳이라. 너희는 축복된 땅을 밟고 있노라. 성좌산의 축복이요, 성소교회가 축복이요, 장산도가 축복이요. 이제 모든 천사들이 성좌산 기도원부터 너희가 가고자 하는 곳에 연결의 통로가 되게 하리라. 그리하여 모든 만남의 복이 되어지리라. 이래서 성좌산 기도원은 축복이요, 오는 자들의 걸음걸음이 축복이요, 장산도가 성지가 되리라. 성지가 되리라. (울음을 터뜨리며) 성지가 되리라. 나 예수가 성지를 만들었노라. 내 딸이 입은 옷, 내 딸이 신은 신발, 내 딸이 든 가방, 내 딸이 든 지팡이를 소중히 여길지어다. 이것들이 기념

비가 되게 하리라. 그것을 보고 나 예수를 경외하는 모습을 보길 원하노라. 하나도 버리지 말 것이며, 딸아 남에게 주지 말아라. 그 모든 옷과 신발과 모든 핸드백과 가방과 덮던 이불까지도 다 성좌산에 소장되리라. 그것들이 빛을 발하여서 생명들을 살릴 것이며 순결하게 될 것이며 정결하게 될 것이며 그것이 다 말씀 말씀들이라.

(흐느끼며) 나 예수가 말하노라. 소장하리라.
나 예수라. 나 예수라. 나 예수라. 나 예수라.
(계속 흐느끼며) 딸아, 내 딸 양자야, 내 딸 양자야.
고맙다. 고맙다. 고맙다. 기쁘다. 딸아 기쁘다.
딸아 기쁘다. 나를 기쁘게 한 내 딸이라.
내 딸 최양자라. 내 딸 신부라.
내가 내 딸에게 해의 영광, 달의 영광, 별의 영광처럼 빛나게 해 주리라. 딸아, 딸아, 딸아 빛의 아들로 키워줘서 고맙도다.
빛의 아들을 내게 바쳐서 고맙도다.
딸아, 내 딸, 내 딸, 내 딸을 축복하노라.

빛의 아들을 축복하노라.
박훈식 목사를 축복하노라.
내 아들 박훈식을 나에게 바쳐서 고맙고 또 고맙도다.
내가 내 아들과 함께 하리라.
이제 내 아들과 전쟁터에서 함께 하리라.
종들아. 빛의 아들 박훈식 목사와 함께 하리라.

잘 섬기고 받침이 되기를 원하노라.
명하노라. 명심하여라.
내 아들이 내 딸과 함께 사역을 열어가리라.
그 못 다한 사역은 빛의 아들 박훈식 내 아들이 하리라.
나와 함께 동행하며 마지막 세계를 이루리라.
이스라엘, 이스라엘 백성들을 돌아오게 하여서 그곳에 말씀을 전하리라.
빛의 아들아 강건하여라.
(다시금 흐느끼며) 내 아들 빛의 아들아.
내 아들아 강건하여라. 강건하여라. 강건하여라. 강건하여라.
다시 너에게 부탁하노라.
강건하기를 내가 너에게 부탁하노라.
영혼이 잘된 빛의 아들이라.
세계를 말씀 들고 펼쳐갈 아들이라.

여기 종들아. 수고하였다.
내가 너희들에게 십자가에 촛대를 세워주리라.
그 촛대는 빛나리라. 그 촛대는 보혈이라.
성령의 불이라.
너희들이 기도하는 것마다 아뢰는 것마다 내가 다 들으리라.
아내들이여. 사모들이여. 겸손하기를 원하노라.
온유하기를 원하노라. 입을 다 봉하여라.
내가 너희에게 지혜를 줄 것이며 정직을 줄 것이다.
정직과 지혜로 선지자와 같이 목자를 도와서 성령의 인침을 받기를 원하노라. 이제 선지자의 손길은 불이라. 보혈이라. 철갑 든 권세라. 너희들에게 손을 얹지 않고도 손을 들어도 너희들에게 그 모든 능력이 임하리라.

역사가 나가리라.
폐암이 사라질 것이며 모든 대장암이 떠나갈 것이며 유방암이 사라질 것이며 직장암이 떠나갈 것이며 혈암이 떠나갈 것이며 피부암이 떠나갈 것이며 모든 혈루 병자가 치유될 것이다.
모든 혈루병이라는 것은 너희들이 죄지은 모든 질병이라.
그 모든 질병들이 다 고침을 받게 되리라.

요한계시록의 말씀이 다 펼쳐져서 이제 그 두루마리의 내용을 보게 될 것이며 이루어지는 세대 속에 살아가리라. 사도행전의 말씀은 빛의 아들을 통하여서 세계를 향해 동으로 펼쳐지고, 서로 펼쳐지고, 남으로 펼쳐지고, 북으로 펼쳐지고 있노라. 이사야의 말씀이 동으로 펼쳐지고, 다니엘의 말씀이 서로 펼쳐지고, 창세기의 말씀이 남으로 펼쳐지며, 야고보서의 말씀이 북으로 펼쳐지고 있노라.

놀라운 역사라. 놀라운 일이라. 기이한 일이라.
그 위에 내 아들 박훈식이 사용하리라.
그는 불을 가진 자요, 보혈의 권세를 아는 자요, 내 딸 선지자의 사랑을 담은 자가 되었노라.
그 후손 신앙의 줄기는 박드림으로 통하여서 어린이의 천국이 이루어지리라. 어린이의 천국이 이루어지리라.
사랑하는 종들아. 너희들이 지금서부터 목적지 세울 땅마다 아뢸지어다.
십자가 세울 교회를 나에게 아뢰라. 내가 세우리라.
내가 땅을 주리라. 양을 주리라. 보호막을 쳐주리라. 너희들이 1000평을 원하면 2000평을 줄 것이며 2000평을 원하면 4000평을 줄 것이라.
억을 구하면 셀 수 없는 불가사의 것을 줄 것이다.
셀 수 없을 만큼 줄 것이다.

선지자를 너희들이 도와서 성좌산 기도원을 섬긴 축복권이라. 나주에 세우면 나주의 축복이요, 광주에 세우면 광주의 축복이요. 지역마다 팔도마다 세우면 내가 팔도를 하나로 연결하여서 다리가 되게 하여 천사들이 오고 갈 수 있도록 선지자를 통하여서 축복하리라.

너희들은 네트워크를 조성하여라. 하나로 묶어라. 모든 것을 서로 의논하고 서로 배려하며 서로 말씀을 나누어라. 그곳에 놀라운 역사가 일어나리라. 물질이 열릴 것이며 영권이 열릴 것이며 너희들의 그 모든 정치권이 열리리라. 천국 세계의 정치권이 너희들에게 열리리라.
사랑하는 종들아. 너희들에게 있는 미움, 시기, 질투를 이 시간 다 버리기를 원하노라. 너희들이 깎아지기를 원하노라. 그것이 무너지고 깎아질 때에 너희들은 정말 전병의 떡이라.

내 진설병이라. 그 위에 너희들은 촛불을 밝혀라. 천사들이 그 촛불 위에 임하리라.

병든 자는 치유함을 받아서 나아가 뛸 것이며 비행기를 타고 날아가서 전하리라. 목소리를 낮추어라. 지혜로운 목소리로 내가 너희들에게 다 새롭게 창조하리라. 새 창조와 생성의 역사가 일어나리라. 약한 목소리는 정결하게 만들 것이며 굵은 목소리는 아름다운 가락으로 다시금 내가 창조하리라. 이단의 사슬들은 다 돈으로 이 세상을 묶고 있노라. 청소년들이 묶이고 어린아이들이 묶이고 음란에 묶이고 그들이 죄악의 사슬에 묶여서 다 지옥으로 끌려가는 중이라.

사랑하는 종들아. 그 끌려가는 어린아이들과 청소년들과 노년들을 너희들은 그들의 생명을 다시금 살리기를 원하노라. 그 사슬을 끊기를 원하노라. 죄의 사슬을 끊어주어라. 말씀으로 끊어주어라. 너희들의 영권과 정치권으로 끊어주기를 원하노라. 이 땅은 다 피바다요 먹을 것이 없어서 너희들이 굶주림에 허덕일 때에도 너희들은 넘어가지 말 것이라. 굳건하게 믿음을 지켜라.

내 딸이 '끝 날에 끝 날에 보자' 말하지 아니하였느냐?
그 끝 날이 잠시 후면 일어나리라.
잠시 후면 펼쳐지리라. 준비하기를 원하노라.
회개하기를 원하노라.

너희들이 폐부를 찢고 회개하기를 원하노라.
이제는 회개할 시간도 얼마 남지 않은 '초'라. 너희들은 회개하여라. 질투를 회개하여라. 시기를 회개하여라. 미움을 회개하여라. 다 너희들은 칼로 난도질한 살인자들이라. 회개하기를 원하노라. 너희들이 '정결하다.' 너희들이 '깨끗하다 거룩하다.' 말한 종들은 더 난도질을 한 살인자들이라. 알겠느냐? 어찌하여 이래도 너희들이 듣지 못하고 새기지 못하느냐? 종들아! 양들아! 잘 들어라. 이곳에 너희들이 임할 때에 그 모든 것들이 사라질 것이며 보혈로 씻어줄 것이며 아름답고 깨끗한 구슬로 꿴 세마포를 너희들에게 다 입혀주고 너희 입술에서 '마라나타 마라나타 마라나타' 찬송하며 나를 영접하는 시간들이 되리라.

이곳에 있는 양들아. 종들아.
나는 너희들을 다 축복하고 축복하고 또 축복하노라.
성부 성자 성령으로 너희들 심중 속에 다 축복으로 임한 나 예수라.

광주에 있는 딸들아.
내가 너희들을 축복하노라. 내 딸 선지자를 섬긴 그 손길이 황금이요, 그 발이 황금이라.
내 딸 이름을 불러주지 않아도 그 이미숙 내 딸은 빛의 딸이라.
세 딸을 내가 축복하며 두 딸을 내가 더 축복하며 그 사업 터를 축복할 것이며 질서를 지키기를 원하노라. 하늘의 질서와 땅의 질서를 잘 지키기를 부탁하노라.
하늘의 질서는 십계명이요, 땅의 질서는 너희들이 가지고 있는 성령의 9가지 열매들이라. 그것이 너희들의 질서라.
하나, 하나, 하나, 하나, 하나 9가지 질서를 잘 지켜서 나 여호와께 향기나는 제물이 되기를 원하노라.

종들은 진설병이라.
진설병 위에 이 9가지 열매를 잘 볶고 빻고 찧어서 나에게 드리기를 원하노라.
자존심을 다 절구에 빻아라.
너희들의 지식을 다 부셔라.
너희들의 오감을 다 죽여라.
그리하면 정말 맛있는 진설병으로 내가 흠향하리라.
내가 너희들에게 과실을 줄 것이다.
내가 너희들에게 만나를 줄 것이다.
내가 너희들에게 생수를 먹여주리라.
만나는 면역체계라. 과일은 너희들의 체중을 조절할 것이다.
잘 듣고 잘 새겨서 전파하여라. 전파하여라.
이것은 다 영권이 나가는 말씀들이라.
만나와 과실과 그 모든 생수가 다 다르도다.
들었지 않았느냐? 들은 대로 전하여라.
보태지도 말아라. 감하지도 말아라.

그 다음은 지팡이라.

지팡이는 너희들이 여기에서 받은 선지자의 말씀의 지팡이라.
그것은 사랑이라. 내 딸이 살아온 말씀이 지팡이가 되었노라.
그 지팡이로 너희들을 가르치지 않았느냐?
음란을 교육하고, 음행을 교육하고, 축복을 교육하고 있지 않느냐?
삶으로 다져온 지팡이를 너희들이 잘 듣고 새기기를 원하노라.
너희들에게 '랄랄라'가 지팡이라.
알겠느냐? 그 지팡이를 받아라.
그 지팡이를 받아라. 그 지팡이를 받아라.
그 지팡이가 세계를 다스리고 있지 않느냐? 그 지팡이가 동으로 향하면 동이 살아날 것이고, 북으로 향하며 북이 살아나고, 남으로 향하면 남이 살아나고, 서로 향하면 서가 살아나는 그 지팡이의 권세라.
너희들이 알기를 원하노라. 그 뜻을 잘 알고 그 지팡이의 권세를 받아라.
능력을 받아라. 그 지팡이는 세계를 향하고 있도다.
내 딸이 향하는 곳마다 축복이 임하며 능력이 임하며 모든 권세로 말미암아서 죄악이 떠나가리라.
사랑한다. 명심하라. 내 말을 또 듣고 마지막 때를 이겨내기를 원하노라.

생성의 축복, 플라워 천국(2014년 02월 17일)

할렐루야 하나님! 기쁘도다. 기쁘고 기쁘고 기쁘도다. 성좌산 성소교회가 아름답고 아름답도다. 지붕이 아름답도다. 기둥이 아름답도다. 빨간 십자가 탑이 아름답도다. 더 높이 더 높이 더 아름답게 더 빛을 발하게 되리라.

내 종이 있는 이곳이 아름다운 곳이 될 것이다. 아름다운 땅이요. 내가 천사들을 이곳에 보내어 아름답게 춤을 추며, 찬양하고 연주하는 이 아름다운 곳을 너희들이 보지 못해서 안타깝구나! 나는 춤추고 있도다. 천사들이 내려와서 춤추고 있도다. 이 성전에 가득하도다. 눈을 열어서 보는 자도 있도다. 너희들을 수종드는 천사들 내 딸을 수종드는 천사들의 모습을 보아라.

이 대언하는 딸이 이제 살았노라. 숨을 쉬노라. 막혔던 것이 풀려졌도다. 더러운 귀신이 죽이려고 하였도다. 폐의 혈관을 막았고, 간에 질병을 침투시켜서 그 간 3/4이 다 상하였노라. 그것이 상하여서 썩어서 피를 토하였노라. 이제 그 간이 새롭게 살아나고 있도다. 염려치 말아라. 걱정하지 말아라.

폐 속에는 작은 진딧물 같은 이끼와 같이 벌레들이 폐를 다 파먹어서 작은 손바닥만한 폐가 다 쪼그라들었었노라. 이제 그 폐가 살아 활기찬 운동이 시작되었고 나머지 남아있는 더러운 것들을 다 토하여 내리라.

겨우 숨만 쉬고 허둥대며 살았던 딸이라. 그가 걸어도 걷는 것이 아니었고 누워도 눕는 것이 아니고 움직여도 움직이는 것이 아니었도다. 내가 붙들지 않으면 이미 이 딸은 땅 속에 들어갔었노라. 사명을 다하기 위하여서 이곳으로 내가 불렀고 그 생명을 내가 지금까지 지켰노라. 악한 사탄이 여종 하나를 치면 천국의 비밀을 알려줄 수가 없었고, 겉모양은 사람이었으나 그 내부는 다 상하였었도다.

그의 비장도 상하여 있었고 췌장도 상하여 있었고 대장도 십이지장도 소장도 다 제 기능을 할 수가 없었노라. 사랑하는 딸 최양자의 손길로 인하여서 지금까지 그 생명이 이어졌노라. 등도 굳었고 신장도 제 기능을 하지 못하였고 심장은 약하여서 잘 때에도 힘이 들었노라.

이제부터 시작이라. 이제부터 치료가 시작이라. 이제부터 신경조직에 활발한 생기가 흘러 들어갈 것이며 동맥과 흐르는 정맥이 제대로 기능을 할 것이다. 많은 피를 쏟았기에 당분간은 조심할지어다. 조심하기를 내가 부탁하노라. 심장도 신장도 폐도 간도 치료를 시작하였기에 조심하기를 내가 부탁하노라.

사랑하는 종들아, 사랑하는 양떼들아 내 사랑하는 딸 최양자 입에 내 말을 넣어 주었다. 그의 말하는 입을 보아라. 두 귀를 보아라. 코를 보아라. 손을 보아라. 발을 보아라. 이제 그 모든 육체는 나의 빛을 발하고 있지 않느냐? 나의 아우라로 가득 채워져 놀라운 역사와 놀라운 일들이 이제부터 일어나리라. 즉시 일어나리라. 눈앞에서 보리라.

열방의 많은 예배자들이, 기도자들이 이곳으로 오기 위해 길을 열 것이며, 호흡할 것이며, 말할 것이며, 열방이 모여 기도하고 예배할 때 땅이 흔들리게 될 것이다. 내 딸 최양자에게 준 사랑이 빛으로 말미암아서 열방이 흔들리고 세계가 흔들리고, 흔들린다는 것은 이곳으로 향하여서 그 모든 항로가 열리며 대로가 좁아서 넓어질 것이며 놀라운 역사가 일어나리라. 그 시간이 임박했다. 사랑이 식어진 세대다. 그런데 그 사랑을 가진 딸을 보기 위해 그 사랑을 체험하기 위해 많은 자들이 몰려올 것이다.

이곳에 있는 나의 지체들아 너희들은 행복한 지체라. 축복의 지체라. 열방이 너희들을 부러워할 것이며 열왕이 너희들을 부러워할 것이다. 이제부터 축복이라. 이제부터 너희들의 발길이 바빠질 것이며 손길이 바빠질 것이며 몸은 가벼워질 것이다. 너희들의 지혜가 열릴 것이며 그 지혜로 모든 열왕들과 열방에서 올라오는 지체들에게 의로움의 상급이 될 것이다. 행위 책에 놀라운 축복으로 기록할 것이다.

이곳은 천사들이 나와 함께 내려와서 이 성소에서 지금 춤추고 있도다. 사랑하는 영혼들아 나와 함께 춤추자. 나와 함께 찬양하자. 나 예수는 찬양을 기뻐하노라. 법도를 중히 여기노라. 율례를 순종으로 지켜라.
사랑하는 양들아, 사랑하는 종들아 너희들이 오늘 놀라운 축복을 받지 아니하였느냐? 선지자 내 딸은 내 마음에 합한 삶을 살고 있다. 그러기에 나의 천상의 모든 것을 이 딸에게 보여주었노라. 너희들에게 아무리 보여줘도 들려줘도, 보지 않고 듣지 않고 경히 여기는 것이 경박하도다.

귀 있는 자는 들을지어다. 사랑하는 양떼들아, 사랑하는 권속들아, 사랑하는 종들아 기뻐하고 기뻐하여라. 놀라운 일이 일어날 것이다. 축복이 일어날 것이다. 너희들이 생성의 뜻을 아느냐? 사랑하는 종들아 너희들 영혼이 생성하고 있도다. 나의 사랑하는 종들을 나는 특별히 사랑한다. 이곳에 숨쉬고 기도하고 찬양하고 있는 나의 종들아 나는 너희들에게 축복하고 사랑하고 열매 맺기를 내가 원하노라.

오늘 내가 너희들에게 생성의 축복을 주노라. 종들에게 주노라. 양들에게 주노라. 생성의 뜻을 깊이 새길지어다. 놀랍지 않느냐? 임재하여서 내가 너희들에게 생성의 축복을 주노라. 천사들이 지금 거룩한 찬양으로 이곳에 찬양과 연주와 율동으로 춤을 추고 있도다. 하늘 문이 열려서 이곳에 군악대가 내려와서 찬양하고 있도다.

천사들이 예수님과 함께 와서 너희들을 도우리라. 천사들이 이곳에 오르락내리락하는 것을 봐라. 사랑하는 종들아 잘 들어라. 사랑하는 양들아 귀를 열고 쫑긋이 들어라. 이곳에 천사들이 나와 함께 하여 너희들을 수종들게 하리라.

귀하고 귀하도다. 내 딸 선지자 최양자는 귀하고 귀한 인물이라. 귀하도다. 내 딸아! 귀하도다! 복되도다! 내 딸 최양자로다. 내가 그를 마음껏 축복하였지만 이제는 그를 천사들에게 호위받을 수 있도록 임명하고 함께 와서 춤추며 찬양하며 군악대의 연주 속에 이곳이 희락의 장소가 되게 하리라. 이곳이 축복이라. 이곳이 영광이라. 이곳이 거룩한 성소라. 종들아 너희 섬김의 손길이 하늘 행위 책에 기록될 것이며 하늘 상급 책에 기록될 것이다.

두려워 말아라. 놀라지 말아라. 너희들은 강하고 담대하여서 나팔수 그 사명을 감당하기를 내가 원하노라. 믿음 없는 자가 되지 말고 믿음 있는 자가 되어 내 말을 전해라. 내 말에 부정적인 말을 하는 자들은 내 말이 끝나는 즉시 이미 그는 화 있을진저 그 소식을 이곳으로 전하는 자가 있을 것이다. 그토록 빠르게 나는 이제 즉각 즉각 심판할 것이며 축복할 것이며 두 가지라. "축복이냐, 저주냐." 새겨들어라.

"긍정적으로 생각할 것이냐, 부정적으로 생각할 것이냐." 종들아 잘 듣거라. 너희들에게도 즉시즉시 내가 깨우쳐줄 것이며 깨닫지 못하는 자들에게는 어둠으로 말미암아서 슬피 울며 회개할 시간, 회개할 때가 이르리라.

사랑하는 종들아 선과 악이 있지 않느냐? 부정과 긍정이 있지 않느냐? 너희들에게 희로애락이 있지 않느냐? 성령의 열매가 있지 않느냐? 이제는 모든 것을 나 예수로 축각을 세우고 사랑으로 그 모든 허물을 덮으며 전진할지어다. 전진할지어다.

전진하는 걸음이 복될 것이며 전진으로 향하는 생각이 아름다울 것이며 그 사고 위에 뛰어난 지혜를 줄 것이다. 너희들이 가는 곳에 덕을 세울 것이며 너희들의 가는 곳에 예수 보혈이 흘러서 승리의 깃발을 세울 것이다. 밟는 땅이 승리의 땅이요, 전하는 입술이 승리의 입술이 될 것이며 권세로 말미암아서 역사가 나타나리라. 나는 종들을 사랑하고 축복한다. 내 가슴속에 들어올지어다.

내 사랑하는 딸 최양자의 온전한 사랑 속에 그 사랑의 이불을 덮어라. 사랑의 옷깃 속으로 들어가기를 내가 원하노라. 내 딸 최양자가 품는 종들은 축복이지 않느냐? 땅과 그 모든 지경이 넓어지고 있지 않느냐? 너희들이 보고, 그들이 간증하는 것을 듣고 있지 않느냐? 너희들도 내 사랑하는 딸 품속에 옷깃 속에 너희들이 잠기기를 내가 원하노라. 양들도 똑같은 축복을 내가 부어 주리라.

성령의 기름 부음을 위해 기도하여라. 보혈로 덮음 받기를 위해 너희들은 기도하여라. 깨어있는 것이 기도요, 깨어있는 것이 찬송이요, 깨어있는 것이 진리라. 사랑하는 종들아, 사랑하는 양떼들아 내 사랑하는 딸이 이곳에서 나의 보좌를 세우고 있지 않는냐? 이 딸은 세계에서 하나밖에 없도다. 나 예수를 증거 하며, 내 말을 전하는 선지자로, 모델로 내가 이곳에 두지 아니하였느냐? 보거라. 듣거라. 만지거라. 취하여라. 오감을 취하여라. 오감을 너희들 것으로 만들어라. 그것이 의의 열매가 될 것이며 아름답게 빛날 것이며 세상으로 향하여 빛을 발하리라.

내가 너희들에게 오늘 생성할 수 있는 복을 주었노라. 자녀들까지 생성할 수 있도록 기도하여라. 일가친척을 놓고 기도하여라. 내가 그 모든 축복을 이 단어 속에 두어 너희들을 축복하노라. 사랑하는 종들아, 사랑하는 권속들아, 사랑하는 지체들아 불러주는 뜻은 다 각기 틀리니라. 지체는 평신도며 권속들은 직분자이며 주의 종들아 나는 너희들을 그 위에 두지 아니하였느냐? 축복하고 사랑한다.

따뜻한 봄날이 되면 이 세상에는 난리와 소문으로 엄청난 사건들이 곳곳에서 일어날 것이다. 세계적으로도 일어날 것이다.
사랑하는 종들아, 이곳에 있는 권속들아, 지체들아 두꺼운 마스크를 다 준비하기를 내가 원하노라. 마스크를 준비하여서 밖에서 일할 때나 외출할 때에 조심하여라. 호흡기 질환

이 있어 알 수 없는 바이러스가 침투할 것이다. 피부로 침투하며 눈으로 침투하며 코로 침투하며 입으로 침투하여서 쓰러지는 자들이 많을 것이다.

사랑하는 종들아, 사랑하는 양들아 너희들이 조류 독감으로 말미암아 살아있는 모든 짐승들을 땅에 묻지 아니하였느냐? 그로 말미암아 썩어서 그곳에서 일어나는 바이러스들이 말할 수 없이 살아나서 인체에 들어가서 알 수 없는 독종으로 쓰러지고 그 썩어지는 냄새마저 심해 사람들이 그토록 고통을 받고 쓰러져서 이 땅에 사람 썩는 냄새로 진동할 것이다. 저주라. 저주라. 그것이 이 땅의 마지막 저주가 되어 시작되노라. 황사로 인하여서 함께 그 바이러스가 침투할 것이다.

그러나 너희들은 걱정하지 말지어다. 믿는 자들에게는 나 예수가 다 피할 길을 열어줄 것이며 그 모든 인플루엔자도 다 너희들을 떠날 것이다. 그러나 너희들은 육을 가지지 아니하였느냐? 조심은 해야 될 것이다. 조심하여라. 날것을 먹지 말 것이며 아무리 끓는 물에 데치고 삶는다고 하여도 그 바이러스의 독은 쉽게 죽지 아니하노라.

사랑하는 종들아, 양들아 그리하여 내가 일찍이 이곳에 임재하여서 말하지 아니하였느냐. 여기는 무엇이라고 하였느냐? 나 예수가 있는 곳은 피할 도성과 같도다. 이곳이 페트라 성처럼 우겨쌈을 당하여도 너희들을 보호해 주리라. 이것을 너희들은 경히 듣지 않기를 원하노라. 무시하지 않기를 원하노라. 그러나 이제는 이미 때가 임박하여서 다시 한번 너희들에게 두 귀로 들을 것을 부탁하노라.

나 예수가 너희의 도피성이 되도록 너희들은 자녀들을 인도하여라. 일가친척, 부모 형제들을 인도하여라. 이곳은 특별한 곳이란다. 최양자 딸에게 나 예수의 심정을 주었고, 그 입에 나의 말을 전하는 지혜를 주었도다. 이곳에 오는 자들마다 그 지혜를 얻어가게 될 것이며, 나 예수의 심정을 담아가게 될 것이다. 내가 오늘 이 말을 너희들에게 들려주기 위하여서 이 시간 내가 임재하였노라.

때가 급하였도다. 이제는 이곳의 대언도 시간마다 대언하는 것이 아니라 내 딸 최양자에게 감동으로 이루어질 것이다. 너희들은 항상 준비하고 깨어 있기를 원하노라. 깨어 있어라. 그 감동은 언제 어느 시에도 불시에 이뤄질 것이다. 잘 듣고 잘 기록하고 잘 새겨서 너희들이 화를 면할 것을 내가 부탁하노라.

너희들이 황폐한 땅을 보지 않느냐? 믿지 않는 나라들을 보지 않느냐? 그들은 저주를 받고 어린아이들까지 저주를 받아서 죽어가지 않느냐? 그곳에 예수가 있더냐? 그곳에는 우상만 섬기노라. 그곳으로 너희들을 보내노라. 복음 전하기를 원하노라. 주저하지 말고 떠나거라. 주저하지 말고 외치거

라. 귀한 생명이지 않느냐!

사랑하는 종들아, 사랑하는 권속들아, 사랑하는 지체들아 다 질서대로 내가 너희들을 세웠노라. "질서를 중히 여기거라. 섬길 자들을 잘 섬겨라." 그것이 나 예수 그리스도의 질서이니라. 그것이 법도라. 그것이 명령이라. 그것이 이 땅에 구약 시대에서부터 신약 시대에까지 이르는 율례가 되었노라.

사랑하는 종들에게는 나 예수가 함께 하리라. 나 예수는 축복이지 않느냐? 영권을 구하고, 물권을 구하고, 너희들이 또 무엇을 구하느냐, 인권을 구하지 않느냐? 사랑하는 종들아 생명 건지는 일에 지체하지 말지어다. 이곳에서 너희들은 숨쉬고 있지 않느냐? 이곳에서 너희들은 수고하고 있지 않느냐? 이곳에서 너희들은 영혼이 밝아지고 있지 않느냐? 복되도다. 내 영혼들아! 복되도다. 나의 양들아!

사랑이 무엇이냐? 사랑은 허다한 허물을 덮는 것이지 않느냐? 너희들 심령 속에 먼저 사랑으로 덮을지어다. 너희들 심령이 사랑으로 덮지 않으면 어찌 남을 사랑할 수 있느냐? 그것이 다 사랑으로 덮지 아니한 연고로 시기하고 질투하고 분내고 혈기내고 탐심으로 가득하여서 너희들이 먹는 것과 입는 것의 모든 것을 쏟아 버리지 않느냐? 육신의 소욕은 나와 적이라. 내가 너희들 속에 임재하여 있으면 먹고 마시고 입는 것이 풍족함이라.

너희들이 보고 있지 않느냐? 먹고 있지 않느냐? 입고 있지 않느냐? 신고 있지 않느냐? 여기는 내 딸이 있어서 풍성하고 넘치노라. 풍성하고 넘쳐나는 이곳에서처럼 너희들이 풍족함을 누리게 될 것이다. 여기는 모든 것이 넘치고 있도다.

내 딸 선지자 최양자 종을 바라보아라. 얼마나 아름다우냐? 얼마나 고우냐? 얼마나 아름다우냐? 내 딸 최양자 나에게는 예쁜 딸이라. 사랑스럽고 곱고 깨끗하고 고귀하도다. 종들아 예쁘지 않느냐? 내 딸은 너무 아름답도다. 바라보아라. 못나지 아니하였도다. 어디 하나 찌그러진 곳이 있느냐? 얼마나 아름다우냐? 마음이 아름답도다. 너무 아름다운 내 딸이로다. 머리통도 예쁘지 않느냐? (회중 함께 웃기 시작) 귀를 바라보아라. 코를 보아라. 입을 보아라. 눈을 보아라. 사랑하는 양들아 지금은 성형 시대라 하지 않느냐? 너무 예쁘지 않느냐? 웃으면 복이 온다. (하하하, 회중 웃음바다) 기뻐하고 감사해라. 나 예수가 천사들과 함께 지금 춤추고 있도다. 너희들의 웃음 속에 음악이 흐르도다. 나는 지금 율동하고 춤추고 있도다.

그의 손을 보아라. 얼마나 곱고 예쁘냐? 얼마나 부드러우냐? 사랑하는 양들아, 종들아 발도 예쁘도다. 예쁘도다. 곱도다. 아름답도다. 율동할 때 보지 않느냐? 20대의 춤추는 모습이 아니냐? 나와 함께 그 모습으로 천상에서도 춤추리라.

둘러앉아 있는 모습이 너무도 아름답고 내 마음을 흡족하게 하는도다. 사랑하는 종들아 너희 모습이 곱고 아름답구나! 사랑하는 양들아 순진한 너희들이 더 아름답도다.

나는 내 딸이 기뻐하고 내 딸이 웃을 때에 나는 모든 것을 흡족하고 만족하노라. 괴롭힘을 주지 말지어다. 마음을 상하게 하지 말지어다. 상하게 하는 것은 너희들이 모든 말을 경히 여길 때며 괴롭힐 때에는 축복을 너희들이 받지 못할 때라. 내 딸의 마음이로다.

내 딸은 너희들에게 축복을 주길 원하며 계명으로 들어올 수 있도록 사랑하기를 그토록 부르짖지 않느냐? 이제부터는 종들아 괴롭히지 말지어다. 축복을 받아라. 상하게 하지 말지어다. 너희들은 서로 사랑하여라. 시기하지 말지어다. 분내지 말지어다. 다투지 말지어다. 판단하지 말지어다. 정죄하지 말지어다. 월권하지 말지어다. 그것이 교만이라. 우매하지 말지어다. 너희들이 시기하고 살인하고 있도다.

시기는 살인이다. 미움은 살인이다. 핍박은 저주라. 탐심은 지옥으로 끌고 가는 사슬이라. 알겠느냐? 너희들이 행하는 그 단어 단어에 얼마나 그 놀라운 저주들이 임하는지 알겠느냐? 너희들 심령 속에 여우를 다 잡기를 부탁한다. 여우를 잡는 것은 기도와 말씀이라. 미움과 시기와 다툼과 분냄과 분쟁은 찬송으로 덮을지어다.

지금 황금 마차를 타고 높은 천성으로 올라왔어요. 이곳에서 예수님이 지금 놀라운 그 도성을 지금 인도하고 있어요. 높은 천성에 왔는데 이곳에서 다시 또 황금 마차를 타고 황금 도성을 지나서 플라워, 플라워, 플라워, 플라워……. 예수님이 이상한 데를 지금 인도하고 있어요. 플라워라 그러는데요? 꽃인데? 꽃으로 된 도성 "플라워 도성이라."

가는 길이, 가는 길이요. 지금 황금 마차가 가는 길이 다 그 꽃으로, 꽃으로 양옆에 꽃으로 다 되어 있는데 저는 황금 마차를 타고 가고 있어요. 저는 천사들과 마차를 타고 지금 뒤에서 그 꽃구름의 호위를 받으며 지금 플라워 도성으로 지금 향하고 있어요. 이 천국도 플라워 도성이 있는 것 같아요. 황금 도성도 봤는데 플라워 도성 (하하) 신기하고 놀라워요. 신기하고 놀라워요.

지금 그 플라워 도성이라고 그러는데요. 계속해서 그 꽃향기가 진동하는데 이 꽃향기가 이건 맡을 수, 맡기가 아깝다고 할까요? 너무 그 향기가 짙어 처음 맡아 보는 향이에요.

음악이 꽃향기처럼 막 넘실댄다 그럴까요? 연주도 그 꽃향기 속에서 넘실대는 것 같아요. 나비도 춤을 추고 있어요. 와! 그러한 그 도성을 향하여서 가고 있는데 가는 것이 도성에 들어가면 더 아름답겠지만 가는 길이 너무 아름다워서 너무 아름답고 너무 신기하고 너무 경이롭고 신묘막측한 일이라

뭐 어떻게 지금 표현을 못해요. 그냥 넘실댄다고…….

그곳의 문이 꽃으로 된 보석인데 꽃같이 된 도성에 도착했는데, 계단이 황금 계단이 세 개가 있어요. 황금 계단으로 지금 한 계단 올라가는데 그 꽃으로 된 보석 그 문이 이 땅에 크기를 비교할 수 없어요. 그 문이, 그 도성 문이 그냥 쫙 열리는데 거기에 온통 향기가 진동하고요. 꽃, 이게 무슨 꽃인지 만개해 있어요. 벚꽃이 피면 만개하잖아요? 그 그러한……. 어, 이걸 왜 내가 벚꽃에다 비교하냐?

와! 에버랜드에 가면 장미 축제 이런 거 할 때 그 꽃밭 있잖아요. 그런 꽃들이 천국에는 그런 꽃들이 아닌 완전히 "꽃동산" 와! 그 위를 지금 예수님이 걷고 있어요.

(감격하며 외마디 감탄사를 연발함) 와! 신기하고 놀라워. 어휴. 와! 이게 뭐야? 와! 나 이거 어떡해 이거. 아우! 나 어떡하지? 아, 나 이거 어떡하지? 와! 좋아. 와! 아름다워. 와! 나 어떡하지? 아 너무 좋아. 아우 좋아. 아우 좋아. 오! 아름다워. 아름다워. 와! 행복해. 와! 이거 어떡하지? 아우 너무 좋아. 너무 좋아.

나 혼자 나 혼자 올라온 게 어우, 여기는 지금 이 우주에 있는 사람들이 다 와서 봤으면 좋겠어요. 이런 걸 난 처음 보지만 어우, 이걸 어떡하지 이걸? 다 왔으면 좋겠어요. 다 올라와서 이 꽃, 플라워 천국이라고 말하래요. 여기에 와 봐야 돼요. 와 봐야 돼요. 와! 너무 행복해요. 너무 아름다워요. 이 향기가…….

예수님, 예수님 와! 너무 좋아. 너무 좋아. 너무 아름다워요. 여기 이 여기 샘이 막 곳곳에 솟아나고 있어요. 샘이 솟는데 물안개가 피어오르듯이 확 그렇게 피어올라요. 샘솟는 그 물이 그 우물인데 거기에 확 물안개가 막 퐁퐁 퐁퐁 솟아 올라오는데 찬란한 그 보석같이 올라오고 있어요. 그리고 이곳의 천국은 새들도 있고 지금 어디서 나비들도 막, 벌인데 너무 예뻐요. 막 웃어요. 지금 같이 춤추고……. 하하, 천사들이 다 얘기해줘요 지금, 저를 수종들고 있는데? 이 땅에 있는 이름들이 아니라서 말을 못하겠어요. 뭐 희한한 언어로…….

폭포가 막 흐르고요. 폭포가 얼마나 웅장하게 흐르는지 다 그 흐르는 소리가 음악 아름다운 찬양이에요. 그 물줄기도 막 웃는 것 같이 흘러내리고, 이곳에 없는 게 없어요. 아, 물레방아도 있어요. 물레방아. 황금으로 된 물레방아가 그 물줄기 보석처럼 반짝반짝 반짝반짝 빛나게 흐르는 곳이고요. 제가 혼자 어디 떨어져 가지고 지금 구경하고 다니는데, 내가 타고 온 황금 마차가 어디로 가고 없고 다 잃어버렸네요.

너무 좋아. 이곳은 또 꽃으로 높이 꽃처럼 꽃 탑이 세워졌는데요. 얼마나 높은 꽃 탑인지 쳐다봐도 봐도 끝이 안 보이는 꽃 탑 와! 너무 아름답다. 꽃 탑이 너무 아름답다. 아! 그 꽃 탑이 웃고 있고 찬양하고 있고 와! 그 빛 속에 너무 아름다운데 그 지금 꽃 탑을 돌고 있는데요. 와! 춤추면서 꽃 탑을 도는데 아, 이 꽃 탑이 너무 아름다워요. 그 위에 너무 높아서 높아서 볼 수도 없는데 거기에요. 보석같이 찬란한 이름이 지금 비쳐지고 있어요. 그 꽃 탑이 너무 아름다운데 찬란한 빛으로 너무 아름다운데 그걸 돌고 나니까 플라워 천국으로 저를 수종드는 천사가 나를 데리고 가요. 내가 너무 좋아서 따라다니며 두리번거리고 구경하고 있어요. 지금 천사가 나를 구름에 태워 가요. 정신없이 구경했네. 이 가는 길에 너무 아름답고, 뒤에는 나비 벌떼들이 이렇게 저를 따라와요. 막 춤추면서 가는데 지금 이 가는 길이 너무 아름다워요.

아, 예수님이 화관을 준비해주셨어요. 이것이 화관이에요? 이 플라워 왕궁에서 쓰는 것이 화관, 나는 화관 화관 이래서 화관이 뭔가 했더니 정말 아름다운 꽃으로 이거는 누구도 쓸 수 없는 화관이라 그러세요. 그 화관을 지금 예수님이 친히 만드셔서 곱게 간직하셨다가 이 플라워 왕국, 천국으로 인도하셔서 이 화관을 지금 머리에 씌워주고 계세요.
조금 전에 예수님이 이것을 함구하라고 하셔서 '어떡하나? 이거는 정말 자랑해야 되는데.' 내 영혼이 막 그렇게 막 무릎 꿇고 막 그런 생각을 했는데 말씀을 하게 하시는 거예요.

화관을 쓰셨어요. 면류관이 아닌 이곳에서 쓰는 화관, 너희들이 화관은 들어보지 아니하였느냐? 그러나 그 화관이 어떻게 씌워지는지 알지 못하지 않느냐? 말씀하시면서 이것이 이곳에 마련된 화관이라. 그 화관은요. 너무 아름답고 향기나고 빛이 나고 있어요.

너무 아름답고, 그 입은 화관의 드레스는 너무 황홀, 황홀할 뿐이에요. 어떻게 내가 지금 이 황홀한 드레스 하나하나를 표현할 수가 없어요. 그 한 폭 한 폭마다 그 아름다운 꽃으로 반짝이는 그 빛과 향기를 말할 수 없어요. 말할 수 없어. 화관이 준비되어 있어요.

어우, 너무 예쁘고 너무 거룩하고 너무 고귀하고, 예수님이 지금 그 미소 온화한 그 미소의 향기로 보고 계세요. 와! 이 땅에서 행복으로 표현한다면 한 천만 배 행복, 어떻게 지금 표현을 말로 할 수가 없네요. 이 아름다운 이곳에서 빛나는 그 옷을 입을 수 있는 사람이 정말 부럽기만 합니다. 그렇게 빛날 수 없고 다 찬양하고 있어요. 경배를 드리고 있고, 와! 저는 눈물뿐이 안 나와요.

천국은 눈물이 없는데 내 영이 지금 얼마나 눈물이 진주처럼, 눈물이 떨어지는데 진주처럼 영롱해요. 나는 눈물로 표현하는데 내 눈에서 흐르는 거는 진주처럼 아주 영롱한 것이 떨어지면서 빛을 발하고 있어요. 희한한 곳이에요. '너무 아름답다.' 생각하니까 예수님이 저를 이렇게 쓰다듬어 주세요. 이렇게 대화가 안 되는 곳이에요. 여기는 그냥 이렇게 영으로 생각으로 '와, 너무 아름답다.' 쓰다듬어 주시고, 고개를 들 수 없을 만큼 그 빛과 아름다움 내가 '와, 나도 저 화관 쓰고 싶다고' 하니까 예수님이 나의 입을 싹 이렇게 가려주시는 거예요. 네가 바라볼 수 없는 거를 생각하고 있다고…….

그 향기가 이렇게 회오리바람처럼 예쁘게 예쁘게 지금 그 하늘 보좌로 향기를 올려드리고 있어요. 놀라워요. 이거를 이걸 어떻게 표현도 부족하고 단어도 부족하고, 그렇게 지금 올려드리고 있고, 천사들이 창화하며 거룩하다 거룩하다 보좌에 앉으신 이를 막 찬양하고 있어요. 예수님은 너무 지금 기뻐하세요. 춤추고 계세요. 근데 구름을 타셨어요. 여기는 다 떠다니는 구름 위에 지금, 찬란한 영광인 것 같아요. 이런 영광이 없어요.

너희들에게 다시는 들려줄 수도 없고 다시는 너희들에게 다시는 들을 수도 없고 다시 볼 수도 없는 플라워 천국을 내가 너희들에게 열어 주었노라. 종들아 들어라. 나를 위해 거룩하게 산 자들에게 주어진 천국이 어떠한 것인지를 대언자를 통해 알려 주노라. 너희가 이 플라워 천국에 다 올라오기를 기대하고 있노라 이 꽃탑으로 초대한다.

꽃 탑이 너무 아름다워요. 너무 아름다워. 크리스마스 그 트리처럼 이 천국 도성에 그것이 마련되어 있는데 너무 높아서 바라볼 수가 없어요. 그것에서 뿜어져 나오는 향기, 그 꽃의 아름다운 그 보석 같은 빛, 아 참 말할 수가 없네.

여러분들이 천국도 좋지만 이 플라워 천국을 꼭 봐야 돼요. 이것을 소망하세요. 난 이거 여기서 내려가고 싶지 않아요. 와! 너무 행복하고 너무 아름답고 너무 찬란해. 여러분들 기도하세요. 다른 천국도 좋지만 황금 도성도 좋지만 이 플라워 천국은 꼭 봐야 돼요. 여러분들 보셔야 돼요. 주의 종들은 꼭 여기 올라와야 돼요. 여기 이걸 봐야 돼요. 이거 이렇게 아름다울 수가 없어요. 얼마나 아름다운지 표현할 수가 없어요. 천국이 이런 천국도 있다는 것이 나는 와!…….

예수님이 말씀하세요. 인간이 교만하면은 천국을 볼 수가 없다고요. 심령을 가난하게 하고 겸손하게 사는 자만이 볼 수 있는 천국이라고 말씀해 주세요. 우리의 교만한 인성으로는 내 앞에 올 수 가 없다고 하셔요. 너희들이 이런 인성을 가지고 어찌 천국에 올 수 있겠느냐? 사랑하는 종들아, 사랑하는 양들아 인성을 보지 아니하였느냐? 이 모습을 벗어버려라. 교만, 오만 어찌 그 옷을 입고 너희들이 진리를 전할 수 있겠느냐? 나팔수로 바로 전할 수 있겠느냐? 다 벗어버려라 내려놓아라.

너희 인성이 강하면 진리도 왜곡 되게 전할 수 있노라. 인성으로 너희들이 중심을 잃으면 천국을 놓칠 수 있게 된다. 진리의 중심축을 잃어버리면 이렇게 땅에서도 진리의 고아가 돼서 갈 곳은 어디냐? 끝은 어디냐? 내 딸 최양자가 강단에서 말하지 않느냐? 끝을 보면 알리라. 열매를 보면 알리라. 너희들 끝은 천국과 지옥 어디로 가겠느냐? 헤매지 말지어다. 너희들의 입어야 할 세마포 옷이 있지 않느냐?

인성이 강한 종들아! 어깨에서 인성을 내려놓아라. 머리에서 인성을 내려놓아라. 마음속에서 인성을 내려놓아라. 너희들이 지고 있는 인성을 내려놓아라. 너희들이 밟고 있는 인성, 다 내려놓기를 내가 원하노라. 너희들에게 있어야 할 것은 오직 나 예수뿐이니라. 나 예수의 심정이다.

사랑하는 종들아 깨끗하고 정결하고 순결하게 사는 자들에게 이 플라워 천국을 내가 보여주리라. 내가 너희들에게 점진적인 천국을 보여주고 점진적인 천국에 있는 진리를 풀어준다고 약속하지 아니하였느냐? 이제 내가 그 약속을 이루어 주고 내가 그 약속을 지켰노라. 황금 도성을 보여주었다. 이제 플라워 천국을 보여주었다. 기대하여라. 너희들이 순결할 때 너희들이 정결하고 겸손할 때 다시 놀라운 천국을 보여주리라. 알려주리라. 들을 수 있게 하노라.

다시 꽃구름 타고 여행하고 있어요. 너무나 넓고 다양한 꽃들이 즐비해 있는 이곳에서 볼 수 있어 너무 행복해요. 이 플라워 천국에서 누벼야 할 내 사랑하는 자녀들아! 그 천국을 소망하여라. 소망하는 자들에게 상상만하여도 그 축복과 빛나는 향기가 너희들에게 임할 것이다. 너희들 머릿속으로 그 아름다운 향기가 뿜어져 들어가게 될 것이다.

우매하지 말지어다. 의심도 하지 말지어다. 자랑도 하지 말지어다. 너희들의 인성으로 천국을 알 수나 있겠느냐? 인성으로 자랑하고 싶은 것은 이 세상의 것 뿐이지 않느냐? 그런데 인성으로 자랑하는 것은 그 역시도 잠시뿐이라.

사랑하는 종들아, 사랑하는 양들아 너희들이 겸손하고 온유하면 이 아름다운 천국으로 내가 인도하리라. 그러나 이곳을 어찌 들어올 수 있겠느냐? 멀리서 바라만 봐도 아름다운 플라워 천국이라. 바라볼 수 있는 특권을 너희들에게 주노라. 겸손하고 온유하고 순결하고 정결한 믿음을 소유하길 원하노라. 바라보며 소망을 가져라.

대언자들아! 내가 너희들에게 일러주노라. 순결하여라. 시기하지 말지어다. 화 있을진저! 너희들을 쓰지 아니하리라. 벌레처럼 내가 만들어 버릴 것이다. 대언자들아 경각심을 가질지어다. 대언자들아 말씀 속으로 들어가라. 너희들을 보호할 것이다. 인성과 영성으로 너희들을 보호할 것이다. 그러하지 아니하면 사탄의 종이 될 것이다. 예수의 종이 아닌 사탄의 밥이 될 것이다. 시기로부터 무너지면 내가 다시 세우지 아니하리라.

대언자들아 최양자 선지자의 사역의 그늘 속으로 들어갈지어다. 너희들을 유혹하는 자, 그것은 아주 작은 여우가 굴을 팔 수 있노라. 귀를 막아라. 눈을 막아라. 입을 봉하여라. 진리의 향기만 맡기를 내가 원하노라.

대언자의 임무가 이토록 막중하고 소중하고 엄위한 것을 너희들이 알기를 원하노라. 엄위하도다. 알겠느냐? 들었느냐? 새길지어다. 너희 영혼을 거룩하게 하고, 인성을 버릴지어다. 그리하면 하늘의 비밀을 다 풀 수 있는 대언자로 세울 것이다.

의의 열매가 되기를 내가 원하노라. 너무 경히 행동을 하였노라. 두려움이 없었노라. 경외함이 없었노라. 그것이 자랑이었느냐? 그것이 너희들에게 권세가 되었느냐? 그것이 너희들이 능력 받았다고 감히 말하였느냐? 너희들이 잘났느냐? 벌레보다 못한 자들아 그토록 너희들은 낮아지기를 내가 원하노라.

이제는 함부로 시기하는 자는 그 자리에 임하지 못할 것이며 대언하지 못할 것이며 나의 대언자로 쓰지 않을 것이다. 두고 보거라. 어떤 일이 일어나는지, 어떤 역사가 나타나는지 즉시즉시 너희들 앞에 임하리라.

사랑하는 종들아, 사랑하는 양들아, 사랑하는 권속들아 내 나라의 권위, 권세, 정권, 영권, 국권을 가지길 원하노라. 최양자 딸에게 준 많은 능력들을 너희에게도 이미 주었노라. 너희들도 최양자 딸에게 준 능력을 펼칠 수 있도록 기도해라.

최양자 딸에게 시간이 없도다. 충성하여라. 시간이 없도다. 열심히 섬겨라. 시간이 없도다. 너희들이 잘 보필해야 된다. 내 딸의 전기가 이제 곧 출판되리라. 시간이 없기에 내가 그 모든 것을 속히 속히 이루리라.

이 땅에서 내 딸의 사역을 위해 헌신하는 자들에게 선지자의 복을 주리라. 놀라운 영권이 임하리라. 사랑으로 섬겨라. 같은 마음, 같은 생각, 같은 말을 해 가며 동참하길 원하노라. 너희들에겐 두 마음이 있다. 두 마음을 가지고 섬기지 말지어다. 나 예수지 않느냐? 불꽃 같은 눈동자로 내가 지켜보고 있노라.

가증되지 말지어다. 포장하지 말지어다. 위선으로 섬기지 말지어다. 위선으로 말하지 말지어다. 포장해서 말하지 말지어다. 그것은 다 거짓이라. 너희 행위 책에 거짓으로 기록되면 그것으로 말미암아 상급이 없노라.

정직하여라. 세상 말에 흔들리지 말지어다. 오직 하늘 천국에 촉각을 세워라. 천국에 마음을 두어라. 시간이 없지 않느냐? 언제까지 너희들이 회개만 하고 있겠느냐? 회개하는 시간에 천사들이 나팔 소리를 불 때에 너희들이 어찌하겠느냐? 준비하여라. 마라나타 준비하여라. 오실 주님을 준비하여라.

나 예수가 이토록 너희들에게 말하고 있지 않느냐? 이제는 준비할 때라. 속히 회개하고 준비하기를 내가 종들에게 부탁한다. 양들아 들었느냐? 순진한 나의 양들아, 겸손하고 온유한 나의 양들아! 너희들은 종들보다 더 준비를 잘하고 있도다. 문제는 나의 종들이라. 깨어나라! 내가 너희들을 축복한다. 일어나라. 복음을 전하여라. 세상이 너희 것이라. 나의 종들의 것이라.

겸손할지어다. 온유할지어다. 내 딸 최양자는 나 예수의 심정을 가지고 있노라. 그 예수의 심정을 너희들이 소유하여라. 천국을 침노하여라. 마지막 너희에게 부탁하노라. 오감을 본받을지어다. 오감 속에 나 예수로 꽉 차 있는 내 딸이니라. 마음은 천국으로, 귀는 천국에 촉각을 세우기를 원하노라. 양들을 사랑하여라. 진리의 말씀으로 사랑을 품고 잘 길러주기를 내가 부탁하노라.
나의 나라를 사모하는 너희들에게 시기가 소멸 될 것이며 탐심이 소멸 될 것이며 미움이 소멸 될 것이며 겸손과 온유의 심령이 되어지리라. 너희들을 다 바꾸어 주노라. 그것이 각자의 달란트대로 시간이 늦어지는 자도 있을 것이며 빠르게 세워지는 자도 있을 것이다. 성좌산을 밟는 자에게 놀라운 이 축복이 임하리라. 내가 임재하는 이곳에서 기도할 때 시기를 소멸케 하노라. 사탄의 생각들이 침범하지 못할 것이다.

사랑하는 내 딸 최양자야 내 종들을 잘 세워라. 이곳에 이제는 정신병자들은 이제 금하노라. 주의 종들과 세계의 정계, 재계의 그 모든 권력자들이 이곳에 올라올 것이다.

내 종들에게 능력을 주어서 병든 자를 치료할 것이며 앉은뱅이를 일으켜 세울 것이며, 이 땅에는 수많은 관절염 환자들이 줄을 이을 것이다. 그들을 치료할 수 있는 권세와 능력을 내가 종들에게 다 부어 주리라. 이곳에 있는 종들에게 다 부어 주리라.

내 딸 최양자에게 지혜가 있단다. 기름 부은 딸에게 많은 종들과 정권자들, 재계의 인사들이 와서 그 지혜에 놀라게 될 것이다. 이제 마지막 때에 이곳을 통해 내 딸을 통해 나의 나라를 더 많이 소개할 것이다. 대언자들이 일어날 것이며, 내 나라를 전파하는 자들이 일어나게 될 것이란다. 축복한다. 축복한다.

제11편

천국을 향하여

"전제와 같이 내가 벌써 부어지고 나의 떠날 시각이 가까웠도다. 나는 선한 싸움을 싸우고 나의 달려갈 길을 마치고 믿음을 지켰으니 이제 후로는 나를 위하여 의의 면류관이 예비되었으므로 주 곧 의로우신 재판장이 그 날에 내게 주실 것이며 내게만 아니라 주의 나타나심을 사모하는 모든 자에게도니라."(딤후 4:6-8)

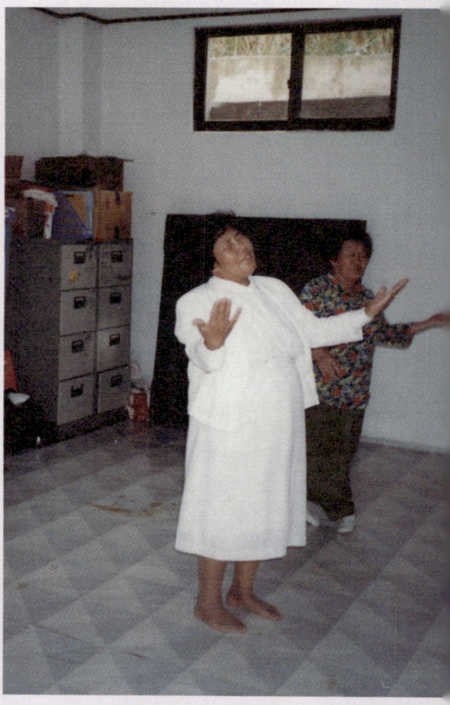

성소교회 봉헌 ·
장산오음교

남편의 말년

나는 사역을 하려고 장산도를 떠났습니다. 이때부터 남편은 나에게 안내자가 되어 주었습니다. 그러나 혈기가 있었습니다. 고집이 거셌습니다. 자주 화를 내었습니다. 기도하러 온 성도들이 상처를 받았습니다. 그리고 남편 때문에 기도원 사역에 어려움이 많았습니다. 그럼에도 남편은 잘하려고 애썼습니다. 나는 그런 남편이라도 있었기에 든든한 버팀목같이 느껴졌습니다.

열심히 사역에 뒷받침하던 남편은 80세 고희 잔치를 지내고 하나님의 부름을 받았습니다. 당뇨 합병증으로 오른쪽 다리를 무릎까지 절단하여야 했습니다. 심근경색으로 병원을 수시로 드나들었습니다. 하루가 멀게 응급실을 드나들었습니다. 남편이 하나님 앞에 부름 받기 전은 회개의 나날이었습니다. 지난날의 잘못을 모두 회개하기 시작했습니다. 그리고 자녀들에게까지 용서를 구하고 잘못했었노라고 미안하다고 하면서 용서를 빌었습니다. 나에 대한 미안함 때문에 한 번도 나에게 아내라고 불러 보지 못하였습니다.

"원장님 미안해요."

나를 부를 때 꼭 원장님으로 존칭해 불렀습니다.

"원장님!"

"나를 위해 기도해줘요."

마지막 생은 회개하며 살다가 하나님의 부르심을 받았습니다. 남편의 마지막 말을 나는 생생하게 기억하고 있습니다.

"원장님! 존경해요!"

이 마지막 말에 나는 평생 한이 풀어지는 전율을 느꼈습니다. 주님이 나로 하여금 승리하게 만들어 주셨습니다.

남편이 기도원에서 하나님의 부름을 받았습니다. 목포 포구에서 사람들이 놀라 찾아왔습니다. 남편 장례식에 배를 타고 오려고 사람들이 몰려왔습니다. 이 포구가 생긴 이래 가장 많은 사람들이 몰렸다고 합니다.

장산도에서, 목포에서 그리고 전국 여기저기에서 구름 떼같이 수많은 사람들이 운집하였습니다. 남편의 마지막은 은혜의 시간이었습니다. 지금은 하늘나라에서 나를 기다리고 있을 것입니다. 그곳에서는 더 좋은 삶이 이루어질 것입니다.

최양자 원장의 말년

남편 박을주 집사가 먼저 하나님의 부르심을 받았습니다. 그리고 얼마 후 최 원장님도 하나님께서 부르셨습니다.

1988년에 하나님이 최 원장을 하나님 나라를 위해 일하도록 부르셨습니다.

"너는 내 일을 하라."

아브라함처럼 소명을 받고 장산도를 떠났습니다. 2020년 하나님의 부르심을 받기까지 33년의 사역을 이루기까지 최양자 원장님은 참으로 열심히 사셨습니다.

오직 주님만을 사랑하셨습니다.
세상은 완전히 등지고 사셨습니다.
천국이 가까워지고 있었습니다.
사역으로 인하여 몸이 많이 약한 상태에 있었습니다.
그는 이렇게 하나님 앞에서 고백하면서 자신의 삶의 끝을 장식하고 있었습니다.

"병마 앞에 내 육체가 점점 쇠약해져만 가는구나. 췌장암 발

병 1여 년이다. 숨조차 쉬기 힘든 시간이다. 등짝에서 땀이 범벅이 되고 있다. 너무나 아파서 똑바로 누워 잘 수 없이 고통이 밀려온다. 주님께 나는 고대한다. 내 주님 자비한 손을 붙잡고 면류관 벗어들고 찬송을 부르며 주님 계신 그곳에 가고 싶어요. 차라리 빨리 주님 품에 안기고 싶은 마음뿐이다. 아픔은 밀려올지라도 찾아오는 성도들은 이것을 알 길이 없다. 그런 아픔 몸임에도 불구하고 성도들은 자기만 생각했다. 기도해 달라고 졸랐다. 예언을 해 달라고 매달렸다. 나는 최선을 다해서 그들을 위해 기도해 주었다. 나는 사역을 할 때는 그 아픔도 잊는다. 더러운 이 그릇이다. 그러나 찬양하면 언제 그랬냐는 듯이 다시 살아났다. 하나님이 끝까지 붙드시는 것을 실감하였다. 내 몸에는 이미 암이 퍼져 있었다. 암 덩어리가 나를 괴롭히지만 이 몸은 천국을 향하여 가는 몸이기에 더할 나위 없이 기쁘고 가볍다."

"땅에 있는 우리의 장막집이 무너지면 하나님께서 지으신 집 곧 손으로 지은 것이 아니요 하늘에 있는 영원한 집이 우리에게 있는 줄 아느니라." (고후 5:1)

"병상에 누워있지 못할 만큼 아픔이 찾아온다. 그러나 저 멀리 뵈는 시온성이 앞에 있기에 나는 오늘도 내 입술에 찬양이 울려 퍼지게 된다.

나에게 생수 부으시니 나에게 생수 부으시니

나에게 생수 부으시니 내 잔이 넘치나이다.
내 잔이 넘치나이다.
메마른 사막 거친 광야도 꽃피고 즐거워하네.
이 세상 모두 주를 알리니 내 잔이 넘치나이다.
저 넓은 벌판 많은 곡식들 주 솜씨 드러낸다네.
만백성 모두 기뻐 춤추니 내 잔이 넘치나이다.
할렐루야 할렐루야 할렐루야 할렐루야.
할렐루야 할렐루야 내 잔이 넘치나이다.
내 잔이 넘치나이다.

암은 내 몸 전체에 퍼져 누르지만 내 영혼의 기쁨을 감출 수 가 없다. 움직일 수 있는 손이라도 있으니 내 잔이 넘치나이다. 내 잔이 넘치나이다. 한량없는 기쁨 형용할 수 없는 기쁨을 가지고 노래하며 옆 병상에 누워있는 또 다른 환우에게 이 기쁨이 전이 되어 같이 웃고 찬양하고 내가 천국 갈 때 부를 수 있는 찬양이 있어 감사하다. 받은 은혜가 많았고, 그 은혜를 노래한다면 넘치도록 축복해주신 것뿐이다.

주님으로부터 거저 받은 인생, 내 것은 아무것도 없기에 주님의 것으로 주님의 이름으로 나눠줄 수 있는 은혜가 있어 감사하다. 이제는 주님 앞에 안기는 날을 기다릴 뿐이다. 영원히 안식으로 들어가는 시간 앞에 우리 주님 두 팔을 벌리고 수고했다. 사명완수 잘했노라. 착하고 충성된 딸아. 칭찬 한마디면 들으면 족하리. 주님 때문에 살 수 있었고, 주님 때

문에 이길 수 있었고, 주님 때문에 버틸 수 있었습니다. 모든 것이 주님의 은혜입니다.”

최 원장은 평생동안 가건물에서 살았습니다. 차도 없었습니다. 죽기 6개월 전에 한 분이 생일 선물로 제네시스 G80을 사주었습니다. 6개월 타다가 하나님의 부르심을 받았습니다.

천국의 전쟁은 시작되었다.

초림 예수님이 오실 때 종교 지도자들이나 교인들에게는 한 사람에게도 알려주지 않으셨습니다. 동방 박사들에게 제일 먼저 알려 주셨습니다. 그런데 재림 예수님의 오심도 그런 징조가 보이고 있습니다.

박사들이 지구의 종말을 알리고 있습니다.

지하자원 학자들이 자원이 고갈되며 지구의 종말이 온다고 경종을 울리고 있습니다.
기상학자들이 엘리뇨 현상으로 지구가 뜨거워지고 있다고 외치고 있습니다. 남극과 북극의 빙하들이 녹고 있습니다. 그러면 땅들이 물속에 잠기게 됩니다. 위험하다고 외치고 있습니다.

사회학자들이 지금 동성 결혼, 심지어 동물과 결혼하는 모습은 인류의 종말을 알리는 신호라고 종을 치고 있습니다.
곤충학자들이 꿀벌이 사라지면 식물계가 파괴되는 마지막 때의 징조라고 소리치고 있습니다.

이렇게 박사들은 지구의 종말을 외치고 있는데 목사들은 강대상에서 딴 말을 하고 있습니다. 교인들 귀를 즐겁게 하는 달콤한 말만 골라서 외치고 있습니다.

하늘의 전쟁은 이미 시작되었습니다. 마지막 영적 전쟁에서 사탄이 지면 사탄은 영원히 무저갱에 갇혀 못 나오게 된다는 사실을 잘 알고 있습니다. 그래서 사탄은 재림 예수님을 못 오게 하려고 결사 각오로 덤벼들고 있습니다.

그들의 상징은 부엉이입니다. 부엉이는 밤에도 눈을 뜨고 있는 새입니다. 사탄은 밤에도 눈을 감을 수 없다고 외치며 영적 전쟁을 하고 있습니다. 그런데 우리 믿는 자들은 낮에도 눈을 감고 있습니다.

우리 성좌산 기도원은 마지막 때를 대비하고 싶습니다. 하나님은 30년 동안 무료 숙식을 이어오게 하여 주셨습니다. 모두가 하나님의 크신 은혜입니다. 마지막 때에 영적 훈련 센터가 될 것입니다. 복음의 나팔이 성좌산 기도원에서 울려 퍼질 것입니다. 다시 오실 예수님을 영접하는 신부 단장 처소가 될 것입니다.

지구상에서 가장 중요한 책은 성경입니다. 성경에서 가장 중요한 말씀은 예수님이 하신 말씀입니다. 예수님은 이렇게 말씀하셨습니다.

> **"무화과나무의 비유를 배우라. 그 가지가 연하여지고 잎사귀를 내면 여름이 가까운 줄을 아나니 이와 같이 너희도 이 모든 일을 보거든 인자가 가까이 곧 문 앞에 이른 줄 알라."**
> (마 24:32-33)

무화과나무 가지가 연하여지고 잎사귀가 나는 것을 이스라엘에서는 이스라엘 독립으로 해석하고 있습니다. 이스라엘은 1948년 5월 1일 독립하였습니다. 그러므로 1948년은 말세의 시작입니다. 이제 우리는 들림을 받을 준비를 하여야 합니다. 성좌산 기도원이 마지막 때 이 사명을 감당할 것입니다.

제12편

최양자 원장의 사람들

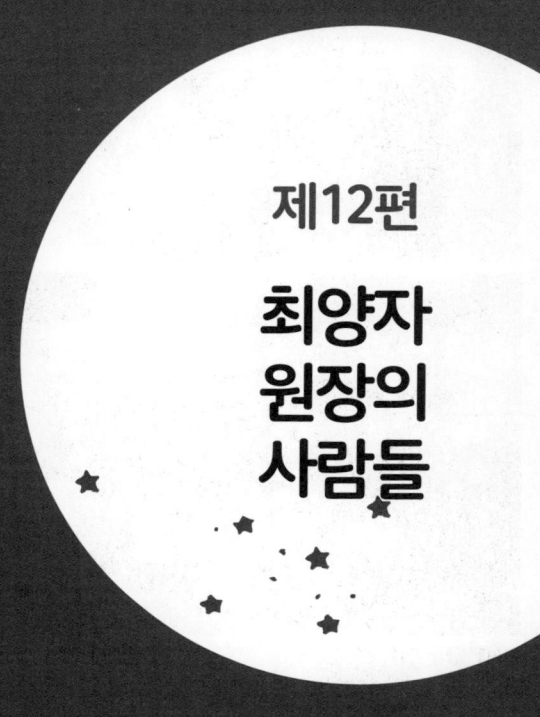

"네가 이것으로 형제를 깨우치면 그리스도 예수의 좋은 일꾼이 되어 믿음의 말씀과 네가 따르는 좋은 교훈으로 양육을 받으리라. 망령되고 허탄한 신화를 버리고 경건에 이르도록 네 자신을 연단하라. 육체의 연단은 약간의 유익이 있으나 경건은 범사에 유익하니 금생과 내생에 약속이 있느니라. 미쁘다 이 말이여 모든 사람들이 받을 만하도다." (딤전 4:6-9)

강사: 이재덕목사

1차 기적의 부흥성회
예수님
해요

성소교회

최양자 원장을 만나 변화된 사람들의 이야기가 참 많습니다. 대표적인 몇 사람들을 선정하여 그들의 이야기를 들으려고 합니다.

김우겸 집사

나는 최양자 원장님과 같은 고향에 살고 있었습니다. 내가 최양자 원장님을 만나게 된 것은 1997년입니다. 예수님을 믿었지만 담배랑 술을 끊지 못하고 살았습니다.

"이제 담배와 술을 끊어 보자."

이런 다짐을 하고 기도원을 찾았습니다. 조금은 부끄러웠습니다.

그럼에도 원장님은 다정하게 말씀하여 주셨습니다.

"우리 우겸아. 잘 왔다."

그리고 포근하게 나를 안아 주셨습니다. 나는 그 후 기도원에서 살면서 원장님이 가시는 곳이면 어디든지 따라다녔습니다. 술과 담배에 쩔어 있었기에 몸도 좋지 않아 1급 시각 장애를 안고 살고 있었습니다. 원장님은 나를 위하여 끊임없이 기도하여 주셨습니다. 얼마 후 내 몸에서 선지처럼 핏덩어리들이 나오기 시작하였습니다. 한번 흐르기 시작하면 한 시간 이상 흘렀습니다. 휴지로 감당이 되지 않아서 세숫대야를 놓고 피를 받아야 했습니다.

원장님은 증거물을 두고 간증하여야 한다고 하셨습니다. 그래서 3리터 플라스틱병에 소주를 붓고 그곳에 피를 받았습니다. 이런 병이 20개나 되었습니다. 피를 그렇게 많이 토하고 난 내 몸은 점점 건강을 되찾았습니다. 그렇게 피를 많이 흘리고도 기도원에 빨간 벽돌집을 짓는 데 노동을 아끼지 않았습니다. 도리어 입에서는 찬양이 흘렀습니다. 온몸 구석구석에 있던 상처들이 모조리 아물기 시작하였습니다. 시력도 회복되었습니다. 그 후 자녀들도 시온의 대로를 달렸습니다. 벼농사도 잘 되었습니다. 내가 수확한 벼가 1등 상품으로 선정되는 명예도 얻었습니다.

지금까지 수많은 이들이 성좌산 기도원에 와서 은혜 체험을 하였습니다. 병 고침을 받았습니다. 그러나 가면 끝이었습니다. 그러나 나는 끝까지 남는 자가 되고 싶었습니다. 그래서 오늘도 성좌산 기도원을 지키고 있습니다.

김흥준 집사

제가 만난 원장님은 세상에 어떤 분도 따라오기 어려울 정도로 주님의 교회를 향한 열심이 특심하였습니다. 바쁜 농사철도 예외가 없습니다. 품앗이를 좀 하려고 하면 '주일은 절대 안 됩니다'라고 단호히 말하고 주일 뺀 모든 날은 된다고 합니다. 손이 워낙 빠르셔서 일을 사람의 두 몫, 세 몫 할 만큼 열심히 하셨고 몸을 아끼지 않고 항상 최선을 다하셨습니다. 그래서 사람들이 원장님과 같이 일하고 싶어 하셨습니다. 논에 모내기를 할 때면 힘이 들어 지쳐갈 때 그 분위기를 살려 노래를 부르시며 서로의 힘을 돋구어 주시는 분위기 메이커이셨습니다. 항상 힘든 모습을 보이지 않으시고 늘 웃음이 가득한 모습을 보여주셨습니다.

특히 마을에 잘 사는 집에서 하루 일을 하고 새참으로 음식이 나오면 배가 고픈데도 드시지 않으시고 치마에 가지런히 싸 가지고 가시면서 시어머니 드려야 한다고 자기 입보다 어머니를 더 생각하는 참효부였습니다. 이렇게 동네 사람들에게 부모 공경의 본을 보여주셨습니다. 그래서 누구 하나 원장님을 향한 싫은 소리, 뒷담화하는 사람이 없었습니다. 그만큼 마을 사람이나 성도 간에 한 사람도 다툼이나 눈 흘김도 없이 화목을 이루며 사셨습니다.

원장님은 저를 유독 예뻐해 주셨습니다. 전도하시려고 "흥준아, 홍준아! 교회 나와라! 일만 하며 뼈 빠지게 살래? 하나님 믿어야 한다!" 천국에 가야 한다. 천국이 얼마나 좋은지 아느냐? 하시면서 "주일은 꼭 지켜야 하며, 십일조를 해야 하나님이 복을 주신다. 혼자 사시는 외로운 분이 있으면 도와주고, 나보다 못한 사람이 있으면 도와주고 오음교회 큰 기둥이 되어라"고 하시면서 전도하셨지만 그때는 젊었기에 듣는 둥 마는 둥 했습니다. 그냥 소처럼 내 일만 열심히 하며 살기에 바빴습니다.

그럼에도 가랑비에 옷 젖는다는 말이 있듯이 만날 때마다 전한 복음이 많은 세월이 지난 지금에 와서는 그 말이 진실이 되어 있습니다. 결국 원장님의 전도로 내가 교회에 발걸음을 옮기게 되었고, 주일엔 나이를 많이 먹었음에도 부족하지만 드럼을 연주하고 있습니다. 주일 성수는 그 어떤 일이 있더라도 지키고 있으며, 십일조 신앙으로 가정이 복을 받고 살아가고 있으며, 가난한 자, 외로운 분들을 찾아서 섬기는 생활을 하고 있습니다. 지금 돌이켜보면 현재 내 모습은 전적으로 원장님의 기도와 도움 때문이라 아니할 수 없습니다. 칠십이 넘는 나이에 이처럼 예수님을 믿는 것이 기쁨이고 즐거움이 되어 살아가는 내 모습을 볼 때면 원장님이 더욱 그리워집니다. 내가 지옥을 가지 않고 천국 가는 믿음으로 이끌어준 귀한 원장님의 사랑, 그 따스한 손길 속에 나는 오늘도 교회 성전을 밟아가며 사랑의 흔적을 남겨보려 합니다.

최정구 장로

나는 바다에서 우럭 양식을 크게 하고 있었습니다. 우럭이 먹는 사료를 파는 회사에 한 친구가 있었습니다. 그 친구를 통하여 엄청난 사료를 팔아 주었습니다. 최정구 장로 덕에 그 친구는 회사에서 승승장구하였습니다. 덕분에 회사 판매량이 많아지고 소득이 많아졌기 때문입니다.

그러던 어느 날 양식장 자리를 옮기는 것이 좋겠다는 결론이 났습니다. 더 좋은 양식장이 생겼기 때문입니다. 그 많은 우럭을 옮기려면 천천히 인건비를 많이 들여서 조금씩 옮기는 것이 정석입니다. 그러나 비용을 아끼려고 양식장을 통째로 유인선이 끌기 시작하였습니다. 그때 일어나지 말아야 할 큰 사건이 터졌습니다. 암초에 걸려서 그물이 크게 찢어졌습니다. 우럭이 모두 바다에서 자유함을 얻었습니다. 모든 우럭이 바다로 빠져나갔습니다. 갚아야 할 것을 정리하고 보니 30억 정도였습니다. 가장 많은 부담은 사료 회사에 주어야 할 부채였습니다. 사료 회사도 그 돈을 적당한 때 주지 않으면 부도날 위기에 처하게 되었습니다. 이런 상황에 되자 주변 돈 받아야 할 곳에서 아우성이었습니다. 사료 회사에서 잘나가던 친구는 반대 상황이 되었습니다. 사장이 소리쳤습니다.

"네가 친구에게 사료를 외상으로 많이 주어서 회사가 어렵게 되었으니 네가 책임져라."

그 친구도 진퇴양난의 위기에 처하게 되었습니다. 자살하는 사람들이 이해되기 시작하였습니다. 최 장로는 벌떼처럼 몰려오는 빚 독촉을 막을 방법이 없었습니다. 처분할 재산도 없습니다. 그 많은 돈을 망한 사람에게 빌려줄 사람은 더더욱 없었습니다.

그는 일단 피하고 싶었습니다. 그때 생각난 곳이 성좌산 기도원이었습니다. 아무도 반겨주지 않는 최 장로를 최양자 원장은 따뜻하게 감싸주었습니다. 15일 동안 꼼짝하지 않고 있었습니다. 이때 최 원장이 500만 원을 최 장로에게 주면서 말했습니다.

> **"최 장로! 한 사람에게 많은 돈을 꾸려고 하면 일이 되지 않아. 또 많은 돈을 꾸어주지도 않아. 믿고 살았던 사람들에게 조금씩 여러 명에게 꾸어. 그러면 빌려주는 사람도 부담이 적어."**

최 원장은 최 장로에게 구체적인 방법까지 가르쳐 주었습니다. 원장님에게 받은 500만 원이 너무나 창피했습니다. 자존심이 상했습니다. 차라리 나에게 "기도하십시오! 하나님께 구하십시오!"라고 핀잔을 주었으면 더 좋았을 텐데.....큰 사건이 다 해결될 때까지 최 원장은 최 장로를 붙들고 있었습니다. 지금은 모두 부채에서 벗어났습니다. 최 원장은 하나님의 부름을 받을 때 최 장로에게 마지막 유언을 하였습니다.

"최 장로! 내가 죽으면 내 주변의 사람들이 다 떠날 거야. 그렇지만 최 장로는 우리 기도원을 떠나지 말고 내 아들 곁을 지켜줘!"

최 원장은 최 장로의 충성을 보면서 그를 찰거머리처럼 신뢰하였습니다. 최 원장은 기도원에서 돈이 생기기만 하면 차곡차곡 모아 두었다가 어려운 선교사들에게 보내 주었습니다.

곤경에 처한 목회자들에게 돈을 보냈습니다. 돈을 보낼 때에는 최 장로에게 맡겨 심부름을 보냈습니다. 최 장로가 심부름으로 갖다준 봉투만도 80번 가량 되었습니다.

최 원장이 하나님의 부름을 받은 후 그 큰 허공을 지금 최 장로는 메꾸고 있습니다. 몇 번이고 떠나고 싶은 때가 있었습니다. 그러나 그 사랑, 그 고마움을 평생 갚아야 한다는 빚진 자의 마음으로 기도원을 받들고 있습니다. 죽도록 충성하는 것만이 조금이나마 은혜를 갚는 것이라고 여기며 기도원을 지키고 있습니다. 그는 이런 고백을 합니다.

"저는 아마 이곳에 오지 않았으면 술을 마시며 살다가 자살했을 것입니다. 어머니 같은 원장님을 만나 영적으로 안정을 찾았습니다. 가정도 평화를 찾았습니다. 이제는 세상 명예를 따르기보다는 예수님을 꼭 닮은 원장님 같은 사랑의 마음을 달라고 기도하고 있습니다."

노희정 전도사

10년 전입니다. 지인 소개로 성좌산 기도원을 찾았습니다. 3박 4일 머물렀습니다. 빨간 샤스를 입고 있는 초라한 최양자 원장님을 보고 실망하였습니다. 장로교의 거룩하고 단정한 옷을 입고 설교하는 목회자만 보다가 너무나 불경건한 모습 같아 거부감이 흘렀습니다.

게다가 전라도 진한 사투리는 알아듣기 힘들었습니다. 거친 언어 폭력과 세련되지 못한 언어는 하나부터 열까지 마음에 들지 않았습니다. 속으로 중얼거렸습니다.

"저 따위가 원장이면 사람들 다 떨어지겠다."

언제나 그랬던 것처럼 앞에 앉았습니다. 그런데 예배 중에 양쪽 엄지를 편 주먹으로 나를 가리켰습니다. 나도 같이 엄지를 펴고 화답을 하였습니다. 그런데 뒤에서 누가 내 옷자락을 당겼습니다. 뒤를 보는 순간 놀랐습니다. 모두 자빠져 있었습니다. 그런 신호를 하면 뒤로 넘어져야 한다는 것을 알았습니다.

"사이비 집단이구나! 내일 집으로 가야겠다."

이런 생각을 하였습니다. 억지로 예배를 마쳤습니다. 그런데 어떤 분이 자기는 목사라고 하면서 3분만 시간을 달라고 하였습니다. 그와 이야기가 시작되었습니다. 최양자 원장님에 대하여 이야기를 하는 데 놀라운 분이라고 소개하여 주었습니다.

떠나려고 하다가 조금 더 있어 보기로 하였습니다. 더 머무는 동안에 최 원장님은 지혜가 있고 사랑으로 뭉쳐진 분임을 알게 되었습니다. 그가 설교하는 중에 모든 사람을 억누르고 있는 어두움의 영이 사라지는 것을 보았습니다. 악령들이 빠져나가고 새사람이 되는 현장을 보았습니다. 특별히 희락의 영이 임하는 것을 느낄 수 있었습니다. 술, 담배에 중독되었던 이들이 자유함을 받는 모습을 보았습니다.

내가 그때 직접 목격한 이야기입니다. 목사 부부가 이혼하려고 하며 마지막으로 찾아왔습니다. 최 원장님이 목사를 보자마자 사모 앞에서 호통을 쳤습니다.

"당신은 개같이 살아왔군."

이 말을 듣자마자 그 목사는 앞으로 쓰러지며 통곡하였습니다. 그리고 자기 입으로 아내 폭력, 음란을 모두 고백하였습니다. 그 후부터 부부는 완전히 새로운 삶을 살기 시작하였습니다.

이런 모습을 직접 보았습니다. 그 후 나는 성좌산 기도원을 자주 드나들게 되었습니다. 그리고 천국과 지옥을 150번 이상 다녀왔습니다. 천국에 갔을 때 주님이 최 원장에 대하여 말씀하셨습니다.

"내 종은 쪼개도 또 쪼개도 예수밖에 없다.
저 같은 사람 한 명만 더 있어도 세상은 밝아질 것이다."

간증할 것이 너무 많아 간증 부흥 강사가 되어 10년째 기도원에 와서 살고 있습니다. 최 원장님이 하나님의 부르심을 받을 때 나에게 유언을 하였습니다. 떠나지 말라고 간곡하게 유언하셨습니다. 지금은 나를 부르는 곳이 많습니다. 그러나 하나님께 쓰임 받고 버림받는 막대기가 될까 봐 두려워 조심스럽게 다니고 있습니다.

"내가 죽어도 기도원을 떠나지 말고 아들 곁에 있어줘!"

이 유언에 나는 기도원을 떠나지 못하고 있습니다. 더구나 기도원을 떠나지 못하는 다른 사건이 있습니다. 최양자 원장님과 거제도에 심방을 같이 가기 위해 동행한 적이 있습니다. 돌아오는 길에 교통사고를 크게 당하였습니다. 갈비뼈 7개가 부러졌습니다. 척추 두 개가 꺾였습니다. 소장이 산산조각이 날 정도로 파열되었습니다. 병원에서 소생 불능으로 진단하였습니다. 이런 중에 하나님이 살려주셨습니다.

나는 덤으로 사는 생입니다. 주님께 온전히 바쳐야 할 생명입니다.

내 주변의 사람들은 내가 이단에 빠졌다고 하면서 이단에서 구출하고자 구출 작전을 펼치기도 하였습니다. 그래도 나는 최양자 원장님을 떠나지 않고 그분이 대언한 말씀을 기록하여 간직하고 있습니다. 그 내용은 산더미와 같습니다.

김폴 목사

『뷰티풀 천국 쇼킹지옥』(베다니) 저자 김폴 목사는 성좌산 기도원을 자주 드나들고 있습니다. 그는 1994년 경기도 의정부에서 교회를 개척하였습니다. 어려움을 극복해 가면서 열심히 목회에 전념하였습니다. 그럼에도 목회에 시달리면서 그는 지쳐가고 있었습니다. 어느 덧 몸에 이상이 찾아왔습니다. 진단하여 보니 간암이었습니다.

누군가에게 위로를 받고 싶었습니다. 어딘선가 치유를 받고 싶었습니다. 포근한 안식처를 찾고 싶었습니다. 그러던 중에 성좌산 기도원을 알게 되었습니다. 이곳은 그의 영혼의 안식처가 되었습니다.

제대로 된 멘토가 될 목회자를 만나고 싶었습니다. 그분이 바로 최 원장이었습니다. 드디어 찾고 찾던 이를 찾았습니다. 만났습니다. 김 목사는 기도원에 엎드려 호소하였습니다.

"주님, 나를 불쌍히 여겨 주옵소서. 더욱 주님만을 사랑하게 하옵소서. 회개의 은혜를 내려주소서."

2주간 터져 나오는 눈물을 막을 수가 없었습니다. 최 원장님이 말했습니다.

"하나님께서 목사님의 초기 간암을 치료하셨습니다. 목사님 생명을 연장시켜 주셨습니다."

그는 고침을 받았습니다. 이후 겸손해졌습니다. 낮아졌습니다. 그 후 그는 입신하여 천국과 지옥을 자주 보게 되었습니다. 새처럼 바람을 타고 공중으로 치솟았습니다. 어느 때에는 20명 정도

성도들이 둘러앉아 있을 때 입신합니다. 그리고 중계방송을 하듯이 말합니다.

"사랑하는 종아! 네가 목사로서 천국과 지옥을 세상에 알리기 위해 이것을 보게 한다. 네가 본 것을 담대히 전하라. 설명하거나 가르치려 하지 말고 본 그대로 전하라. 끝까지 겸손하여 낮아지고 순종하라."

그는 최양자 원장님을 이렇게 추억하고 있습니다.

첫째, 예수님의 심정이 있었고, 긍휼의 눈물이 있었습니다.

둘째, 하늘의 영권이 있었습니다.

셋째, 풍성한 예수님의 사랑이 있었습니다.

넷째, 성령의 임재를 나타내는 강한 불이 있었습니다.

다섯째, 천국으로 인도하는 안내자였습니다.

신현찬 목사

최 원장님을 그리며 최양자 원장님을 기억하며 받은 은혜와 사랑을 다시 떠올려 봅니다. 제가 성좌산 기도원을 찾아가게 된 것은 벌써 10여 년이 된 것 같습니다. 지방회 연합 수련회 담당을 맡게 되어 기도처를 찾았습니다. 처음 방문하였습니다. 그때 천국과 지옥에 대하여 말씀하셨습니다. 기도원이 신비하게 느껴졌습니다. 원장님은 평상에 앉으셔서 말씀하셨습니다.

"하나님이 마지막 때에 목사님들을 위해 사역을 하라고 하셨지요. 그런데 같이 일할 목사님이 없습니다."

그때 저를 보고 반가워하셨습니다. 일할 목사가 왔다고 하셨습니다. 원장님은 사투리가 심하여 3분의 1도 알아듣지 못했습니다. 그러나 뵙기만 하면 행복하여 매주 3년간 달려갔습니다. 월요일부터 금요일까지는 매주 기도원에 머물며 공사를 도왔습니다. 그때만 해도 기도원이 재정적으로 어려움이 컸고 심하였습니다. 그래서 공사장에서 남은 레미콘을 받아 마당 공사를 하였습니다. 저녁 5시까지 일하고 7시 저녁 예배를 드리고 나면 12시가 됩니다. 조금 자고 새벽에 일어나 기도하였습니다. 힘들었지만 참 보람 있는 시간이었습니다.

더워서 마당 나무 밑에 모기장을 치고 잤습니다. 원장님이 모기장 안으로 나를 부르셨습니다. 그때 하신 말씀을 결코 잊을 수 없습니다.

"목사님은 대갈빡에만 예수가 있지 가슴에는 예수가 없소!"

이 말을 듣고 나는 화가 났습니다. 3대째입니다. 아버지가 장로입니다. 나는 목사입니다. 나에게 이 말은 참으로 모욕적으로 들렸습니다. 그러나 원장님이 내 영적 상태를 정확하게 집어 주시는 것 같아 마음이 평안하였습니다. 이 말을 듣자마자 성전에 들어가 회개 기도를 하였습니다.

"주님! 저의 가슴에 주님을 영접하길 원합니다. 도와주십시오. 그동안 머리로만 예수를 알고 살았다면 이제는 거듭난 자로 살게 하여 주시길 원합니다."

그날 저녁 예배 후에 나를 위하여 기도하여 주셨습니다. 손가락으로 제 가슴을 살짝 대셨습니다. 아파서 견딜 수가 없어 뒹굴었습니다. 간이 좋지 않다고 하시면서 치유해 주셨습니다. 그리고 저에게 천국을 보여 주시려고 한다면서 물으셨습니다.

"환하요? 흑하요?"

그때 바로 저를 천국으로 인도하시려고 하였습니다. 그런데 저는 두려움이 있었습니다.

'내가 천국을 보고 바로 전하는 사람이 될 수 있을까? 내가 교만해 지면 어떻게 하지?' 환한 것이 보여도 "흑합니다." 하

고 나왔습니다.

그 후 나는 아버지 어머니와 함께 성좌산 기도원에서 한 달 정도 머물렀습니다. 아버지가 말씀하셨습니다.

"선지자님과 같으시다. 원장님을 가까이에서 잘 모셔라."

나는 두세 달 동안 회개 기도를 드리며 준비하였습니다. 그리고 원장님에게 가서 입신 준비가 되었다고 말씀드렸습니다. 그 후 2014년부터 2019년까지 100여 번 대언을 하게 하시고 천국을 보게 해주셨습니다.

내가 본 최 원장님은 다음과 같은 분입니다.

> **초등학교 근처에도 가보지 않으셔서 성경을 떠듬거리며 읽으시며 "맞소?" 하시는 겸손함과 정직함, 대학 교수, 박사, 사업가, 정치가, 의사 어느 누가 와도 대장부처럼 당당함.**
> **영서를 칠판에 써 보이시고 하나님 아버지의 마음을 전하시는 섬세하신 영성.**
> **특유의 씩씩함과 사투리를 쓰시며 호탕한 웃음으로 맞아주시는 넉넉함.**
> **10명이 있으나 100명이 있으나 장중을 압도하는 말씀과 유머.**
> **슬픔을 기쁨으로 아픔을 웃음으로 만드시는 기도자.**

암을 감기처럼 치유하시는 능력자.
때로는 단호하고 호되게 꾸짖으시고 예절과 절도와 생활의 질서를 가르치시는 분.
때로는 눈물 흘리며 같이 울어 주시는 다정함.
그 많은 예배에 한 번도 빠지지 않으시고 자리를 지키시는 성실함과 충성스러움.
새벽 3시에 아름답게 단장하시고 나오시는 천국의 가장 사랑받는 공주로 위엄 있는 아름다움.
뚱뚱하고 못생겼다고 놀려도 천국의 모습을 바라보고 웃음으로 인정하고 받아넘기는 여유로움.
찬양이 흐를 때 춤추며 악기 연주를 하며 무남독녀 사랑스런 외동딸로 주님 앞에 나아감.
자신의 삶의 고난 앞에 연약한 엄마로 아내로 우시는 연약함.
삶이 간증되어 승리를 노래하고 고통받는 자, 병든 자, 약한 자들과 함께 울고 웃는 소박함.
마귀를 내쫓고 대적하고 생활의 달인 능가하는 솜씨 좋은 모습에서 배우고 기도원 대소사를 지혜로 관할하시는 경영자.
남편에게 고난받았으나 늘 예쁘게 뽑아 내보내셨다고 웃음 짓는 자랑스런 미소.
먹던 고추 하나도 버리지 않고 사용하시는 절약함.
마딘 손이 어렵고 힘든 사람들 그냥 보내지 않으시고 큰 손이 되어 도우시던 손길.
집에 갔다가 와서 좋은 소식 전해 드리면 내 일처럼 기뻐하시고 얼굴 볼 때마다 축복하시는 진실함.

예쁜 목사야! 내 새끼! 이렇게 불러 주시던 다정함.
하늘의 신령한 복과 땅의 기름진 축복 쏟아부어 주시던 축복권.
맛난 것 먹이려고 밥상 차려 부르시던 사랑.
삐뚤어져 있는 방석을 치웠다고 칭찬해 주시는 것을 보고 작은 것 하나라도 놓치지 않으시고 칭찬하시는 세밀함.
큰 숙제와 환난의 인생을 주님과 함께 멋있게 풀어나간 스승님.

당신은 정말 예수님을 보여 주셨습니다.
당신을 만나 참으로 행복했습니다.
사랑의 화신, 모든 것이 사랑이었습니다.

이제야 원장님을 어머니라고 불러 봅니다. 저희 육신의 어머님이 소천하셨습니다. 주님이 말씀하셨습니다.

"사랑하는 아들아! 사랑하는 종아! 너는 육신의 어머니와 헤어짐이 있어서 많이 슬프구나! 너의 어머니는 이곳에 있단다." 여기에 너의 육신의 어머니와 영의 어머니가 있단다. "너의 영의 어머니는 최양자란다."

나는 지금도 이렇게 외치고 있습니다.

"영의 어머니 천국에서 만나요. 죄송해요. 평생 어머니라 불러

들이지 못했던 불효자입니다. 제가 천국 도착했을 때 신발 벗고 달려오시겠다고 하셨던 말씀 늘 기억하며 어머니가 달려가신 길 따라가겠습니다. 늘 저를 위해 기도해 주시는 어머니 참으로 감사합니다."

성작산기도원

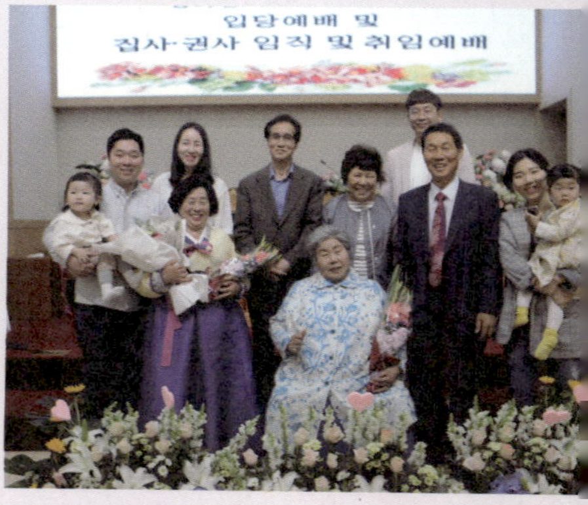
입당예배 및
집사·권사 임직 및 취임예배

제13편

후계자 박훈식 목사

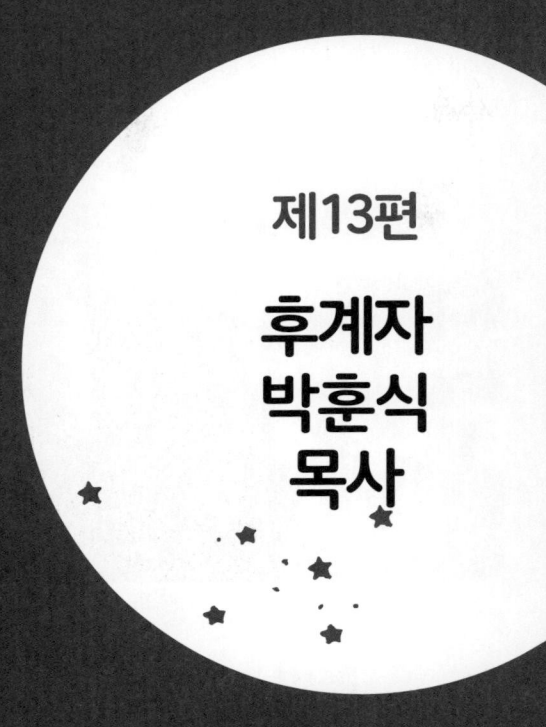

"모세가 눈의 아들 여호수아에게 안수하였으므로 그에게 지혜의 영이 충만하니 이스라엘 자손이 여호와께서 모세에게 명령하신 대로 여호수아의 말을 순종하였더라." (신 34:9)

원장 은퇴식 및 취임

최 원장을 연장하고 있는 아들 박훈식 목사

지금 성좌산 기도원은 최양자 원장의 7남매 중 막내 아들인 박훈식 목사(예장 백석 수원노회 소속)가 원목으로 사역하고 있습니다. 처음에는 신학을 공부한 아들과 초등학교도 안 다닌 어머니와 맞지 않았습니다. 그래서 거슬리는 것이 많았습니다. 이를 안 어머니 최 원장은 아들 박 목사에게 이렇게 말했습니다.

> **"내가 죽으면 너는 홍해 같이 눈물을 흘릴 것이다. 나는 네게 육의 엄마이기도 하지만 영의 어머니이기도 하다."**

박훈식 목사는 어머니를 이렇게 회상하고 있습니다. 어머니는 초등학교 입학도 하지 않으셨습니다. 글을 쓰지도 못하셨습니다. 그러나 어머니에게 하나님이 직접 글을 읽어주셨습니다. 하나님이 글을 잘 쓰게 만들어 주셨습니다. 그래서 성경을 더듬더듬 읽게 되었습니다. 초등학교에 갓 들어간 아이가 책을 읽듯이 성경을 읽었습니다. 그런데 놀라운 것은 성경 단어들이 살아서 사람들의 심령을 파고들었습니다. 어머니가 성경을 읽을 때 사람들은 은혜를 체험하며 응답받는 이들이 많았습니다. 주변에서 많은 목회자들이 권면하였습니다.

"신학을 하면 목사 안수 받게 해 주겠습니다."

그러나 어머니는 단호히 거절하였습니다.

"목사 안수를 받는 게 뭐가 중요하요. 하나님 앞에 쓰임을 받는 것이 중요하지."

나는 부교역자로 11년 사역하였습니다. 이제 교회 개척을 하고 싶어서 어머니가 사역하는 기도원에 찾아오게 되었습니다. 어머니는 1년만 도와달라고 하셨습니다. 나는 순종하였습니다. 그런데 1년은 내게 너무나 어려운 시간이었습니다. 신학을 공부한 나에게 어머니의 모든 사역들은 이단들이 하는 모습처럼 보였습니다. 쓰러지고, 웃고, 대언이라는 것을 하는 데 대언이 원장님 찬양하는 것밖에 없었습니다. 나는 어머니의 사역에 브레이크를 걸기 시작하였습니다.

"이런 것 하지 마세요. 큰일 납니다."

나는 신학의 잣대로 어머니의 사역을 가르치기 시작하였습니다. 그런데 어머니는 한 번도 화를 내지 않으셨습니다.

"알았다."

딱 한 마디였습니다. 그리고 또 반복이었습니다. 나는 어머니가 하는 사역이 이단 사역 같아 보였습니다. 불편하였습니다. 답답하였습니다. 어머니와 맞지 않아서 가시방석에 앉아 있는 것 같았습니다.

어머니를 이해해 보려고 몸부림쳐 보았습니다. 쓰러져 보기로 했습니다. 남몰래 방에 들어가서 원장님의 사역을 흉내내 보기도 하였습니다. 침대로 쓰러지는 연습도 하였습니다. 나는 어머니 사역에 잘 따르고 있는 목사님에게 물어보았습니다. 어머니 최측근에서 일하는 목사님과 나의 심경을 그대로 말했습니다.

"원장님이 손가락으로 지시하면 불이 정말 오나요?"

그때 목사님이 명쾌한 대답을 해 주셨습니다.

"불이 올 때도 있습니다. 그런데 권위에 순종하는 것이 중요합니다."

"권위에 순종한다"는 그 말이 내게 박혔습니다. 나는 깨달았습니다.

"그렇다. 어머니의 사역이다. 어머니의 권위에 복종하여야 한다. 질서의 하나님이시다. 내가 신학을 하였다고 하여 어머니 사역 현장에서 어머니를 가르치려고 하는 것은 잘못이다."

그 후 나는 어머니로 대하지 않고 원장으로 대하게 되었습니다.

나는 원장님의 권위 아래 들어가게 되었습니다. 그런데 하나님은 놀랍게도 그날부터 성령을 내게 부어주셨습니다. 평안함을 주셨습니다.

원장님께서는 주님 앞에 부름 받기 전 나에게 2대 원장의 자리를 허락해 주셨습니다. 그리고 기름 부음을 주셨습니다. 그 기름 부음으로 지금은 제 2성전에서 성령의 사역을 펼쳐내고 있습니다. 원장님은 많은 사람들을 사랑으로 모아두셨습니다. 내 사명은 그들과 함께 새 예루살렘을 향하여 가는 행진입니다. 하나님은 모세가 가나안에 들어가지 못하게 되자 여호수아를 통해 그 뜻을 이루셨습니다. 이처럼 나는 어머니 뒤를 이어 하나님의 뜻을 이룰 것입니다. 나는 성좌산 기도원을 통하여 온 성도들을 주님의 길로 인도하는 사명을 충실히 감당할 것입니다.

이스라엘의 회복을 위하여,

열방의 회복을 위하여,

마라나타 우리 주님 오실 길을 준비해 나갈 것입니다.

성좌산 기도원은 마지막 때

주님의 신부로 단장시키는 사명을 충실히 감당할 것입니다. 할렐루야!

성좌산 기도원

원　장: 박훈식 목사(010-5355-0148)

주　소: (우 58316) 나주시 세지면 금교로 260-73

연락처: 061-331-5238

E-mail: jesusarmy1227@daum.net

www.sjspray.net YouTube 성좌산TV